考古学家带你看中国

许宏 著

中国社会科学院考古研究所研究员
前二里头考古队队长

二里头

最早的中轴线孕育最早的中国

中国经济出版社

·北京·

目 录

考古就是读"地书"／2

东亚大陆：从万邦林立到中原崛起／4

二里头：从多元到初步一体的节点／14

二里头在哪里？／26

细数二里头的"中国之最"／30

青铜礼器群：奠定华夏礼乐制度／38

我们应该怎么探究文明与国家的形成？／50

早期的中国是土生土长的吗？／54

【给孩子的话】／57

【考古学家小传】／59

中国是怎么走过来的？这是每个中国人都会关注的问题，早期中国也是我个人的专攻方向。喜欢寻根问祖，是人类最基本的一个欲求，中国人尤其如此。我们为什么要考古？为什么要研究历史呢？我觉得首先就是要满足人类的好奇心。

自一百年前的民国初年开始，以顾颉刚先生为首的疑古学派，从科学理性的角度颠覆了2000多年以来国人深信不疑的"三皇五帝"古史系统，而新文化运动的领袖胡适先生也慨叹"东周以上无史"，这使得整个中国上古史陷于虚无。

对于一个有着悠久传统的族群来说，这无疑是种剧痛。传统古典文献中的记载疑云重重，甚至有些被彻底颠覆。那么，真实的中国历史在哪儿呢？

在这种情况下，中国考古学应运而生。

◀ 河南洛阳二里头绿松石龙（局部）

考古就是读"地书"

20世纪20年代，傅斯年先生在中央研究院创立历史语言研究所时说："我们不是读书的人，我们只是上穷碧落下黄泉，动手动脚找东西……"不是真的不读书，而是除了读文字的书，还要读"地书"，要通过考古寻找中国历史的真实面目。

> 考古学从创立之初就不是象牙塔里的学问，而是跟每个中国人都密切相关。

我把考古人的工作比喻为两种职业：一个是侦探，我们在现场利用蛛丝马迹来复原历史的真实；第二个就是翻译，我们通过解读无字"地书"，把这些不会说话的古代遗存变成大家能读懂的知识。为了找到破译的语言，我们中国考古人花了百年的时间在田野中探寻。在一段时间里，我们的学科好像跟大家无关了。那么，考古人是怎样为这个国家和民族做出他们的独特贡献的呢？

大家知道，科学精神是当代做学问的认知前提。有了科学精神，再看以前的历史，我们会感到很痛苦。特别是近代的这一百年，在中国历史上是多灾多难的一百年，最大的问题在于我们失去了以前高度的自尊、自信。我们被列强打得清醒过来，清醒之后又颓废，感觉自己处处不如人。在这种情况下，我们该怎么走？我们该怎么自我定位？所以，民族主义不是一个贬义词，而是各个族群都会有的一种朴素的思想——我们要建构国族认同和文化认同。但是，在追求史实复原和建构国族认同的过程中，如何处理好二者之间的关系？这是百年以来我们必须面对的一个严肃的问题。

如果说一个人的生命史从婴儿呱呱坠地开始，这是没有问题的。但是要说生命的开始应该上溯到胚胎成型，这个也没有问题。你要说它可以上溯到精子和卵子碰撞的一刹那，也没有问题。甚至说再上溯，上溯到父母恋爱，甚至父母单独一方的诞生也可以成立。也正因此，中国诞生史可以有多种解读，且没有对错之分。但是，把中国的形成上溯到旧石器时代有意义吗？问题的关键就在这里。

考古学者们首先观察到的是现象，所以考古学并不擅长解决动因问题。

对于我们熟悉的中华人民共和国版图，在距今约3800年前，还没有一个庞大的"王朝"，所以，国家文物局最新发布的中华文明探源工程研究成果，把此前的时代称为"古国时代"。那是一个无中心的多元时代。在东亚大陆板块里面，最初真正作为核心文化出现的一个实体（"广域王权国家"或"国上之国"），只是产生在被我们称为"中原"的这样一个狭小的地域范围里。最初的东亚大陆是"满天星斗"（苏秉琦先生语），即邦国林立。为什么到最后只有"中原"这个地方崛起，奠定了中国诞生的基础呢？

谁是苏秉琦？

苏秉琦（1909—1997），考古学家，曾任北平研究院史学研究所副研究员。中华人民共和国成立后，历任中国科学院考古研究所（1977年改属中国社会科学院）研究员、北京大学教授、考古教研室主任，中国考古学会第二、三届理事会理事长。他是北京大学考古专业的主要创办者之一，主持北大考古专业30年之久，培养了大批优秀的考古学人才。

苏秉琦先生也是中国近代考古学开创者之一，是中国考古类型学的奠基人。他提出的考古学文化区系类型理论、对中国文明起源的研究等成果，在学术界影响深远，为中国考古学的发展做出了重要贡献。

他的主要专著有《瓦鬲之研究》《中国文明起源新探》等，主要论文收入《苏秉琦考古论述选集》《华人·中国人·龙的传人——考古寻根记》《苏秉琦文集》。

东亚大陆：
从万邦林立
到中原崛起

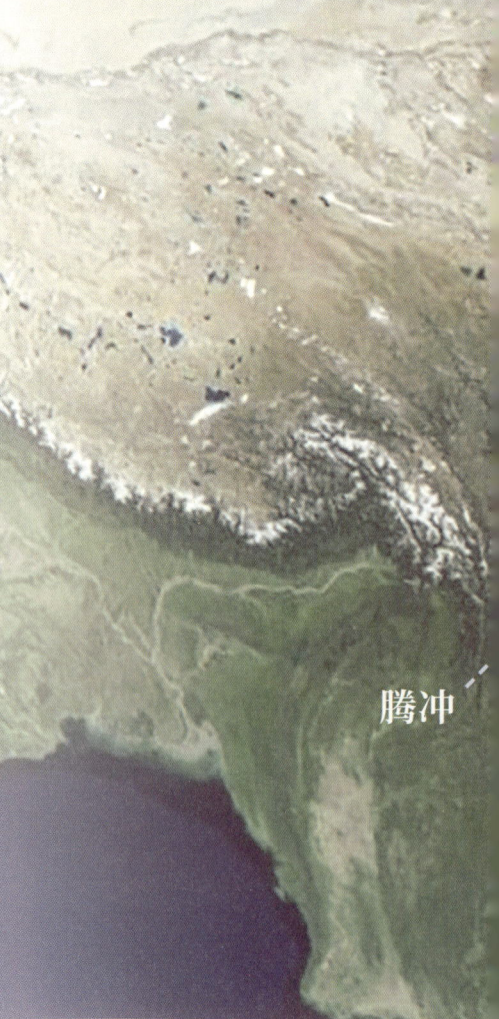

我们看图中这条虚线，它被称为"胡焕庸线"，即中国学者划分的第一条人口密度对比线，是我国著名的地理学家胡焕庸先生在 1935 年提出来的。在整个中国广袤的国土上，我们以这条线为界，从大兴安岭一直到西南山脉，可以观察到很多有趣的现象。

大家看这条线，最直观的，线的东南是绿色的，西北是黄褐色的。

自古以来，中国东南地狭人稠、西北地广人稀。这条线把东亚大陆分为两大板块：多雨区与干旱区，季风区与寒流区，农耕区域与畜牧/游牧区域，稻作区域与旱作区域。

腾冲

西北干旱区

黑河

东南多雨区

> 如果把华夏文明的成长过程比喻成一个人的成长的话，那么按照先秦文献和司马迁的记载，夏、商、周三代是华夏族群的成人礼，形成了比较大的王朝国家，在此之前则是悠长的婴儿、幼年、少年时期。

西北的鬲

东南的鼎

▲ 龙山时代陶器

一些考古出土器物的分布区域，也是以这条线为界的。比如，鼎和鬲都是古人烹煮用的器物，都有三个足。鼎的三个足是实的，而鬲的三个足是空的。目前的考古发现显示：鬲主要分布在西北地区，而鼎主要分布在东南地区。

胡焕庸线的两边在新石器时代都有辉煌的文化。东南方的社会率先复杂化了，我管它叫"东方先亮"；而后是欧亚青铜潮的"西风东渐"；最后，在这两大板块的交会地带出现了最发达的王朝文明，也即"中原崛起"。

自中国考古学诞生以来，历史文献学和考古学两大话语系统就一直并存。两大话语系统最初是分立且边界明显的：一边是历史文献学上的盘古女娲、伏羲神农、三皇五帝、夏商周王朝等，一边是考古学上的前仰韶、仰韶、龙山、二里头、二里岗、殷墟、西周、东周（春秋、战国）时代。它们的合流，是在殷墟时代。

史前、原史、历史阶段划分

叙史方式	口传历史		
历史文献	三皇	五帝	夏
考古学	仰韶及以前	龙山	二里头
历史阶段	史前	原史	

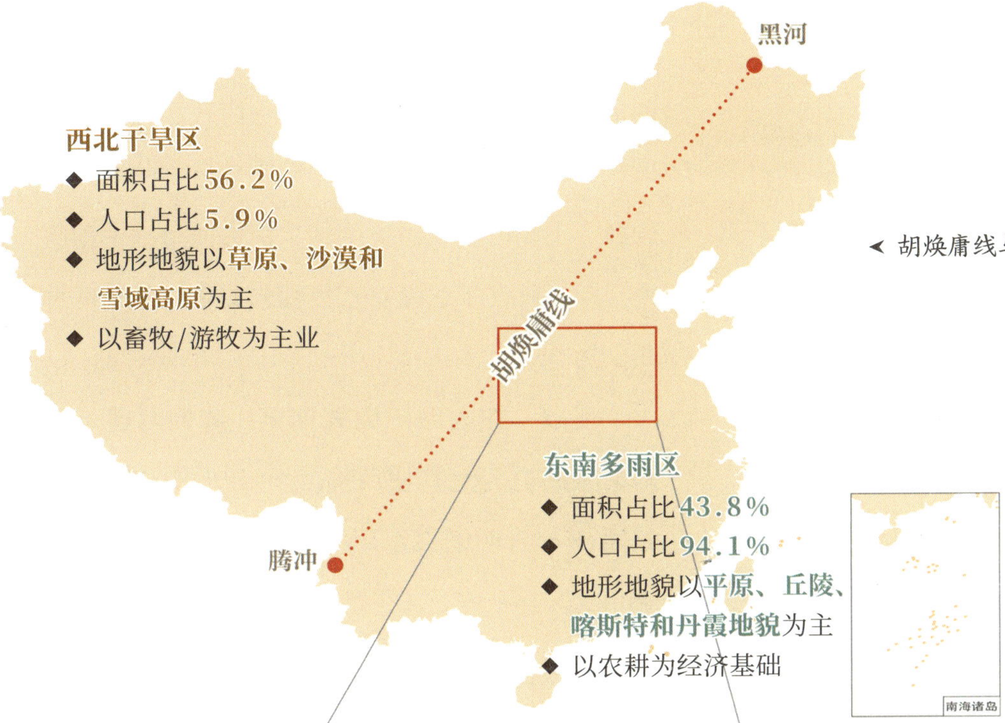

黑河
西北干旱区
◆ 面积占比56.2%
◆ 人口占比5.9%
◆ 地形地貌以草原、沙漠和雪域高原为主
◆ 以畜牧/游牧为主业
胡焕庸线
东南多雨区
◆ 面积占比43.8%
◆ 人口占比94.1%
◆ 地形地貌以平原、丘陵、喀斯特和丹霞地貌为主
◆ 以农耕为经济基础
腾冲
南海诸岛

◀ 胡焕庸线与两大板块

山西
河北
陕西
甘肃
山东
夏
周
商
江苏
湖北
河南
安徽

黄土高原和华北大平原的交界处——**中原**

东亚最早的王朝——**夏、商、周**

东亚**广域王权国家**诞生之地

书写历史

商 → 殷墟

二里岗 → 殷墟

殷墟 —— 西周 —— 春秋 —— 战国 —— 秦汉以后

历史

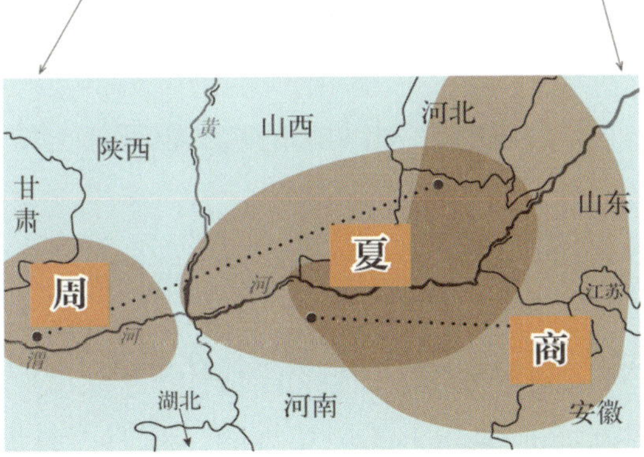

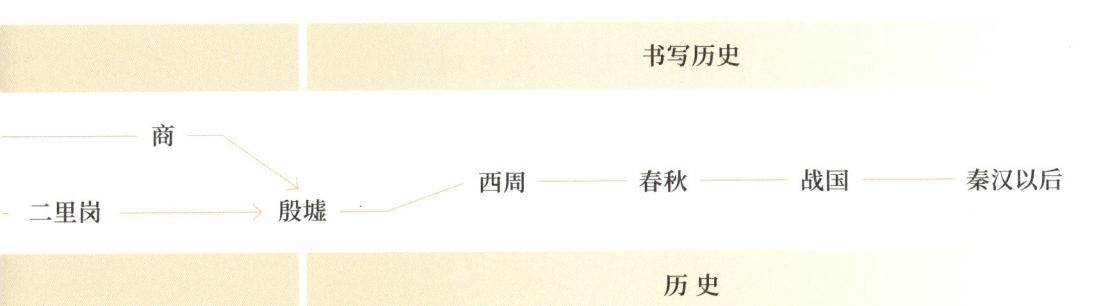

> **原史**
>
> "原史"这个词来自日文，汉语中有一些词源于日文词，比如"哲学""干部""科学""考古学"等，都非常精练、好用。在中原地区，原史时代大体上相当于已出现零星文字，还处于传说时代的龙山时代到殷墟甲骨文出现的这一阶段。

为什么是在殷墟？因为可以证明人类群团自身族属和王朝归属的文书材料在殷墟出现，两大话语系统才可以合流，进入信史时代。在前殷墟时代，我们把任何考古学遗存跟后世文献记载的族属、王朝归属相对应的话，都只能是推论和假说，原因就在于它没有直接性的文字材料来证真或证伪。

所以，在大的历史分期上，我们习惯于根据文字的有无及其使用程度分成历史（History）时期——有明确文字记载的时期；原史（Proto-history）时期——文字产生，但还不起关键作用的时期；史前（Pre-history）时期——没有文字的时期。

考古人有个职业病，就是在探讨问题时，首先要给出明确的时空框架。

> 66 中国考古学在诞生之初，很快就由本土学者主导考古工作，这在世界范围内都是罕见的。99

我们看右页的时间框架，最左边这一列是考古学的话语系统，在前文字时代，恐怕这是具有比较大的确切性的。我们再看最右边这一列，是国家级的夏商周断代工程给出的框架，属于历史文献学的话语系统。

中间这一列是2023年12月9日国家文物局新闻发布会推出的"中华文明探源工程"最新成果，将"古国时代"与"王朝时代"的分界划定在龙山时代和二里头时代之间。

从古国时代到王朝时代

考古学时代划分	中华文明探源工程	夏商周断代工程
仰韶时代 （约前5000—前2800年）	古国时代	夏 （约前2070—前1600年）
龙山时代 （约前2800—前1800年）		
二里头时代 （约前1800—前1500年）	王朝时代	
二里岗时代 （约前1500—前1300年）		商 （约前1600—前1046年）
殷墟时代 （约前1300—前1050年）		

数据参考：《夏商周断代工程报告》（科学出版社，2022年）

这一百年来，中国考古学者筚路蓝缕，做了大量的田野考古和研究工作。正是由于这些探究，中国的考古学才在世界范围内占有一席之地。无论是埃及还是两河流域，包括印度河流域和美洲，考古工作从起步到展开研究基本上都是由欧美学者主导的，他们强调相对客观的研究。而中国学者不一样，考古是在寻找自己的祖先，可以说，是从学术上在寻根问祖。这样一来，我们就不可避免地要把个人的情感，把自己作为中国人的情感融进去。这有局限性，当然也有好处。这种骨血相通，这种文化DNA的一致，使得甲骨文一旦进入民国时期大学问家的视野，就很快被破译成功。不像法国学者商博良破译埃及罗塞塔石碑那样，需要借助其他文明系统的文字才能破译。古文明中还有一些是死文字，到现在也破译不了，比如说印度河流域哈拉帕文化的文字。

商博良与罗塞塔石碑

让·弗朗索瓦·商博良（Jean François Champollion，1790—1832），法国著名历史学家、语言学家、埃及学家，是第一位破解古埃及象形文字结构并破译罗塞塔石碑的学者，从而成为埃及学的创始人，被后人称为"埃及学之父"。

罗塞塔石碑，高1.14米，宽0.73米，制作于公元前196年，刻有古埃及国王托勒密五世的一份诏书。石碑上用古希腊文字、古埃及象形文字和当时的通俗体文字刻了同样的内容，这使得商博良有机会对照各语言版本的内容后，解读出已经失传千余年的古埃及象形文字的意义与结构，成为研究古埃及历史的重要里程碑。

1799年7月15日，拿破仑侵略埃及的军队中的一名上尉在埃及港口城市罗塞塔附近发现了这块石碑。后来，石碑在英法战争中辗转到了英国人手里，自1802年起被保存于大英博物馆中。

▲ 罗塞塔石碑

> 回溯华夏文明的发展，大体上经历了邦国（古国）时代、王国（王朝）时代、帝国时代三个大的发展阶段。

对于历史分期来说，我们正在逐渐摒弃"奴隶社会""封建社会"这样的一些概念。像"封建社会"这样的概念，完全是误译和误用，不符合中国的历史实际。如果说中国有过封建时代的话，那么它应该指的是秦汉帝国之前西周王朝"封邦建国"的那个时代——它是一种政治的分权化和代理制政体，而不是后来大一统的、郡县制的、中央集权的路数。古代中国应该出现过奴隶，但是没有什么证据能证明曾经存在过一个可以被称为"奴隶社会"的时代。中国国家博物馆"古代中国陈列"，就不再使用这套话语系统了。

现在，我们倾向于用社会组织形态来划分大的时代。邦国时代就是没有中心的多元化时代，可以形容为"满天星斗"的时代；王国时代就是有中心的多元化时代，可以形容为"月明星稀"的时代。从那时开始，二里头都邑及以其为核心的广域王权国家出现了，商周王朝出现了，但它们至多是盟主，属于"国上之国"，而不具有像后来郡县制帝国那样绝对的行政统驭权。等到了秦、汉，那就进入了大一统的、一体化的帝国时代，可以形容为"皓月凌空"的时代。

我们在谈论中国时，也需要了解世界文明的时空框架。因为中国是世界的一部分，在古代也是这样，中国从未自外于世界。中国学者应当参与到全球文明史的建构中去。此前，我们参与得远远不够，我们需要把中文世界的研究成果转换为能进入英文世界的论著，同时更需要汲取新的学术给养。著名学者张光直先生之前做了大量这样的工作，现在我们还在继续。

第12页这张图是最能表现我个人的古史观或文明观的，即对于中国的形成是不能做无限制上溯的。一个事物总是有其发生、发展、演变的过程。国家这种社会复杂化的产物应该发生较早，文献中有"禹会诸侯于涂山，执玉帛者万国"的记述，"万"当然是虚数。最初的形态就是万邦林立的情形，我们把它称为"前中国时代"。

> **谁是张光直？**
>
> 张光直（1931—2001），美籍华裔考古学家、人类学家。20世纪50年代在台湾大学攻读人类学，师从李济教授。后负笈（jí）美国，哈佛大学人类学系研究生院毕业。曾任耶鲁大学人类学系主任、哈佛大学人类学系主任，当选为美国科学院院士、美国文理科学院院士、中国台湾"中央研究院"院士，并兼任副院长。代表作有《古代中国考古学》《中国青铜时代》《考古学专题六讲》《商文明》《考古学》《美术、神话与祭祀》等。
>
> 张先生一生致力于中国考古学与考古学理论的研究和教学工作。他通过一系列有影响力的作品，把中国古代文明的丰富考古材料介绍给世界，更倡导以世界性的眼光来研究中国古代文明的形成及其在世界文明史上的地位。

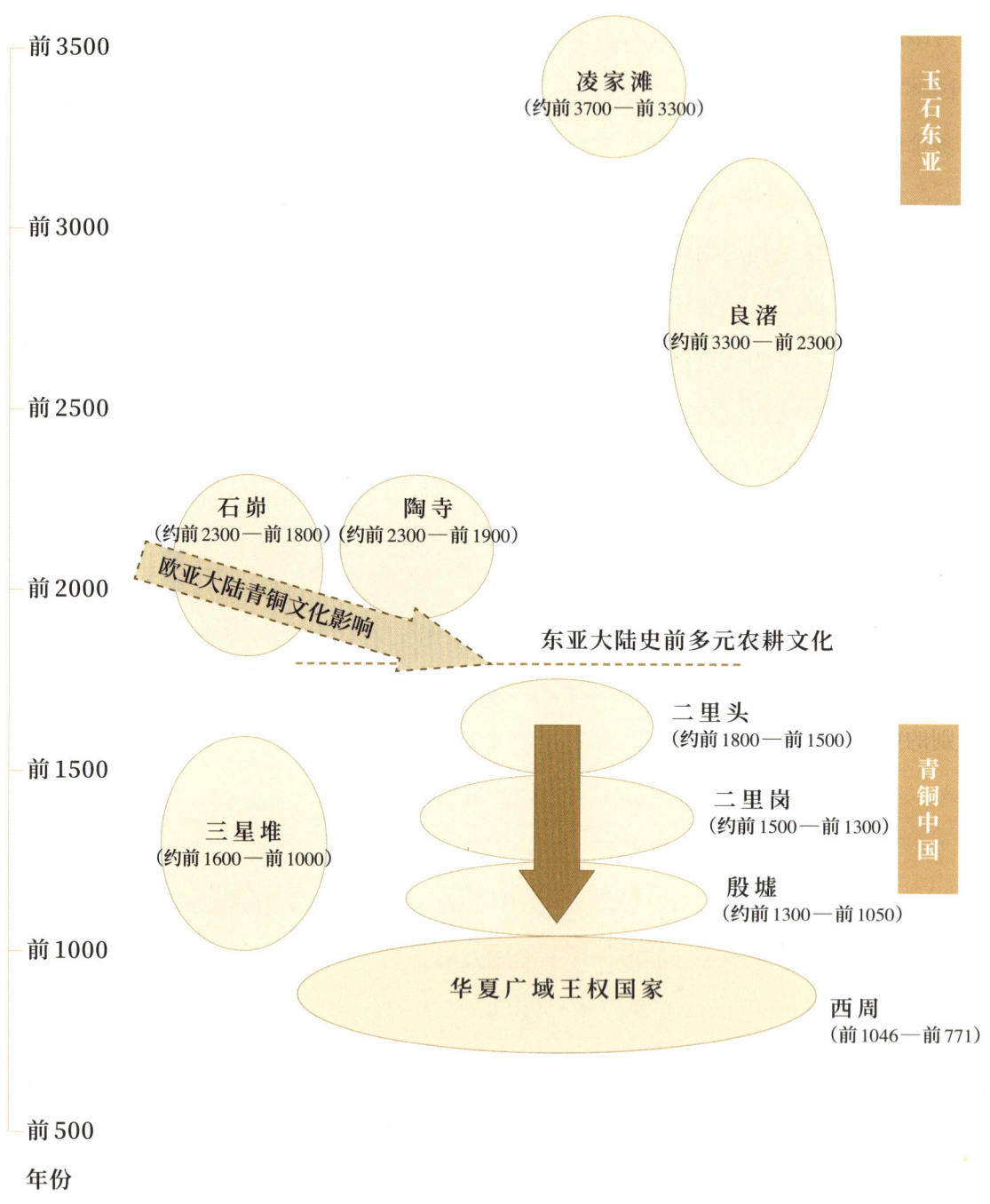

▲ 从满天星斗到月明星稀："中国"的诞生历程

现在，中华人民共和国的版图面积跟整个欧洲的面积差不多，而"禹会诸侯"的时代政治态势跟现在的欧洲几乎也是一样的。最初，就是邦国林立，没有一个大的政治实体。从东到西，有多个区域性的文明陆续出现。

东亚各地的先民特别爱玉，玉石加工技术特别发达。这是利用物理变化把玉石做成人工制品。后来，通过化学变化生产的青铜出现了，不过青铜是怎么来的还有争议。越来越多的证据表明，东亚大陆的青铜技术应该是引进的，是受欧亚大陆中西部的影响而出现的。

复杂的青铜礼器铸造技术出现之后，整个东亚大陆的社会文化面貌也随之发生改变。在距今3800年前后，出现了一个大的断裂，从那时候起，像二里头、二里岗、殷墟这样盟主级别的中原广域王权国家文明出现了。

凌家滩遗址

凌家滩遗址位于安徽省含山县，总面积约160万平方米，是新石器时代晚期凌家滩文化（约前3700—前3300）的典型遗址。在遗址区内发现了人工建造的祭坛、大型墓地，以及祭祀坑、积石圈等重要遗迹，出土了精美的玉礼器等珍贵文物。

陶寺遗址

陶寺遗址位于山西省襄汾县陶寺村南，夯土城墙围起的面积约280万平方米，是龙山时代晚期陶寺文化（约前2300—前1900）的典型遗址。

石峁遗址

石峁遗址位于陕西省神木县，是中国新石器时代晚期石峁文化（约前2300—前1800）的典型遗址。

石峁城址面积约425万平方米（良渚古城约300万平方米，距今约4600—4300年；陶寺古城约280万平方米，距今约4100—4000年），是目前已知中华大地乃至东亚地区最大的史前城市遗址。

二里头：
从多元到初步一体的节点

陕西神木石峁遗址

河南新密古城寨遗址

我之前是二里头考古队的队长。在中国古代文明史上，二里头都邑既不是最大的，也不是最早的，但它是整个东亚大陆人类群团从多元走向初步一体，从满天星斗变成月明星稀的一个关键节点，而青铜在其中起到了极大的作用。

在二里头之前，没有哪一个政治实体可以被称为"中国"——中央之城、中央之邦。因为它们基本都没有突破具体地理单元（比如一条河流、一个盆地）的限制。

湖南澧（lǐ）县城头山遗址

史前时代东亚城址三类型

第一种城址类型是水城，主要分布在长江流域，垣（城墙）、壕并重，以壕为主，城墙为堆筑。最典型的是良渚遗址，它所代表的良渚文化约为公元前3300—前2300年。这是一个高度发达的政治实体，玉文化非常发达，是前中国时代满天星斗中最亮的一颗。值得注意的是，良渚遗址的城壕平面大致呈圆形，城墙宽阔，上面可以住人；有专门的贵族墓地，里面出土的玉器非常精美。

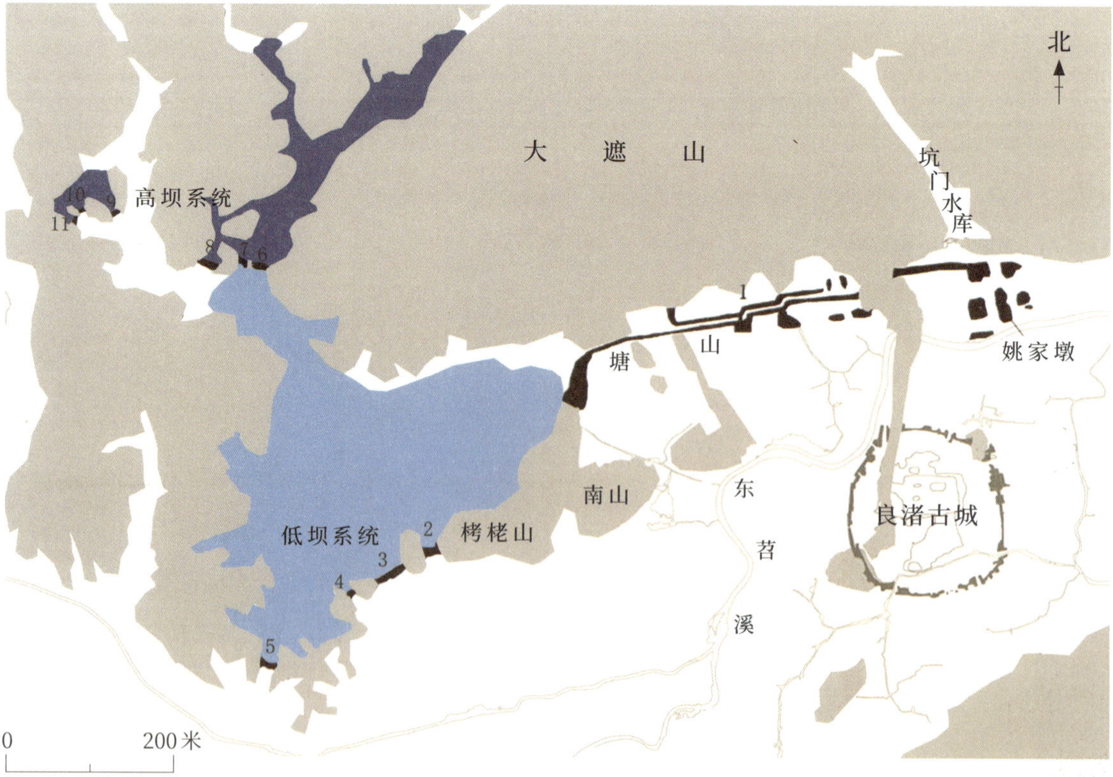

▲ 良渚玉器组图

▲ 浙江杭州良渚古城及水利系统

第二种城址类型是土城，黄土版筑。以山西的陶寺文化为代表。陶寺遗址中除了贵族大墓，还发现了陶器上的朱书文字。朱书文字是早期的文字之一。中国古代礼乐文化盛行，在陶寺遗址出土的大石磬，虽然打制得比较粗糙，但表明当时已经有这样的礼乐重器了。这也是我国目前发现的最早的石磬。另外，这里出土的彩绘蟠龙纹陶盘也比较有代表性，龙跟中国文化的关系是很密切的。

> 版筑，我国古代修建墙体的一种技术，指把土夹在两块木板中间，用夯具捣实，筑成土墙。

◀ 陶寺石磬

▲ 朱书陶文

▲ 彩绘蟠龙纹陶盘

◀ 山西襄汾陶寺遗址

17

历史的悲喜剧都是在地理的大舞台上演的。山西就是一个经典案例。

山西是一块宝地，是许多时代的文明发源地。它处于"表里山河"的地理形势之中，在黄河以东、太行山以西，南边有中条山挡着。所以，其中很发达的元素走不出去。山西陶寺可谓"有大邑未成大国"，陶寺都邑很大，也吸收了好多文化因素，但没有像后来的中原王朝文明那样，向外做大范围的辐射。

我们再往后看就很清楚了。在西周时期，晋文化是西周文化的典范，但是它再兴盛也没有走出山西。到了战国时期，韩、赵、魏三家分晋后，把自己的都城从山西迁到了河南或河北，从而成就了战国七雄的霸业。继续往后看，北魏拓跋鲜卑是从东北起家的少数民族，他们先是定都大同，但后来孝文帝改革，把都城迁到了洛阳，这才成就了统一北半个中国的霸业。到了唐朝大家就更熟悉了，李渊起兵于太原，最后在哪儿成就了霸业？长安，陕西西安。可以用一句话做个小结：起于河东山西，成于河山之外。

所以说，地理地缘太重要了，一方水土养一方人。我们生活的土地，许许多多的文明进程，包括现在、未来，都受制于地形大势、地理空间，甚至是我们的宿命。在古代，地理地缘尤其有很重要的影响，这也是我们看问题的一个角度。

> **? 表里山河**
>
> 这个词出自《左传》，用以形容晋国（以山西省为主）的地理特征。表里，就是内外的意思。山西外有大河，内有高山，有天险作为屏障。

第三种城址类型是石城，用石头砌成。在内蒙古中南部的河套平原（指黄河"几"字弯及其周边流域）至晋陕高原一带，石头特别多，古人因地制宜，就出现了石城。

陕西神木的石峁遗址是一个典型，它位于陕北离鄂尔多斯沙漠地区很近的地方，属于农牧交会地带，我们却在这里发现了新石器时代晚期最大的城址。

石峁遗址的发现有什么重要意义呢？这说明，在青铜时代及之前的新石器时代，甚至在500多年前的大航海时代之前，西北地区才是古代中国改革的前沿阵地。也就是说，陕北石峁遗址的重要性就在于它是连接欧亚大陆内陆和中原地区的纽带。

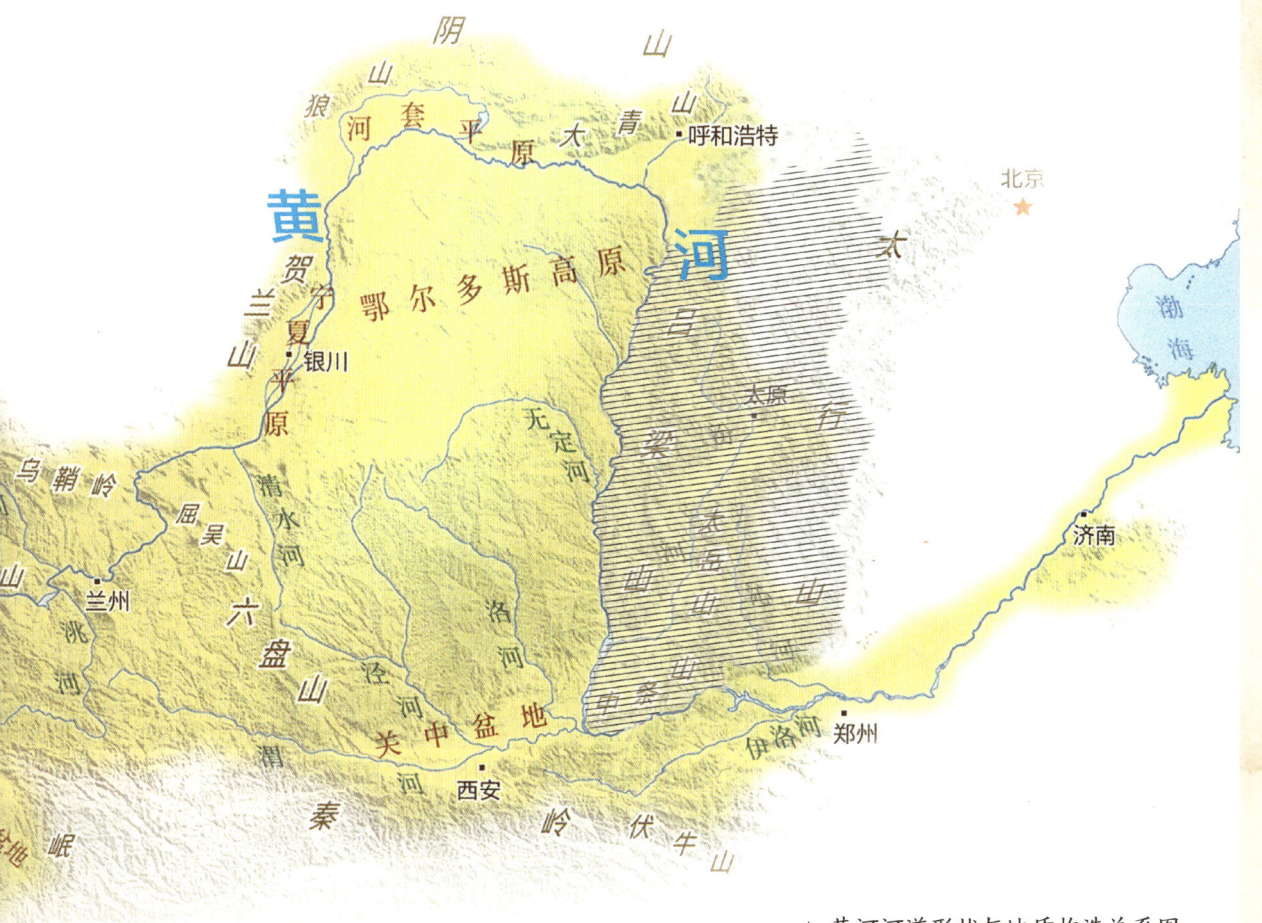

▲ 黄河河道形状与地质构造关系图

▲ 神木石峁遗址"皇城台"护墙上的石雕

> **"** 中原，与其说是一个地理的概念，不如说是一个人文的概念——一定得是文明碰撞、群雄逐鹿，才有中原文化大发展的际遇。**"**

图　例
- 房　址
- 灰　坑
- 窑　址
- 墓　葬
- 城　墙
- 河　流
- 民　居

▲ 石峁城址结构示意图

逐鹿中原与二里头崛起

美国著名汉学家吉德炜教授对中国新石器时代区域间的文化交流给予了极大关注。他敏锐地注意到，自公元前3000年左右开始，东部沿海的文化因素开始进入中国北部和西北部。他通过对史前时代生活在东亚大陆人群的研究，勾画出了他们的文化特质，初步将他们分成了华东、华西两大群团。比如说，中西部地区的彩陶非常醒目，风格粗犷，一器多用；东南沿海地区，在制器风格上注重棱角和细节雕刻，不乏三足器这样的需要拼接组合的器物。吉德炜教授从器物的制法和组合来推想，当时的制作需要有更多的组织与管理程序，从而导致思维的复杂化，甚至这种方式的合作会导致语言的复杂化。思维和语言方面的复杂化，又使得华东地区在最初是走在前列的，"东部沿海文化的因素，在后来中原青铜时代文明中是第一位的"。**华东、华西地区的文化东西碰撞，逐鹿中原，最终在中原地区出现了一个更高水平的文明实体。**

考古学者观察到的现象是，在所谓的夏王朝初期，还是一片逐鹿中原的景象。

山东日照东海峪龙山文化蛋壳黑陶高柄杯

山东诸城呈子龙山文化盆形陶鼎

庙底沟仰韶文化博物馆藏品

青海乐都柳湾马家窑文化彩陶壶

山东潍坊姚官庄龙山文化陶鬶

▲ 西部器物　　　　　　　　　　▲ 东部器物

21

❓ 新砦（zhài）大邑

在龙山时代末期，曾经光灿一时的各区域文化先后停滞或走向衰败，与之后高度繁荣的二里头文化形成了强烈反差。这可以被视作中国早期文明"连续"发展过程中的"断裂"现象。我们注意到，这一"断裂"现象在嵩山周围虽也存在，但不甚明显。二里头文化恰恰是在这一地区孕育发展，最后以全新的面貌横空出世，成为中国历史上最早出现的核心文化。

处于这一演进过程中的新砦大邑，及其背后的新砦集团（暂时还不知道它的具体"番号"，有不少学者认为应是早期夏文化）无疑是解开二里头文化崛起之谜的一把钥匙。

新砦大邑（约前1900—前1750年）走向兴盛时，其他龙山城邑已经衰落甚至废弃；它全盛时，其他龙山城邑中心聚落已全部退出历史舞台。逐鹿之群雄一蹶不振，新砦集团开始傲视中原。作为一个送走风云激荡的龙山时代并孕育着此后辉煌的二里头时代的存在，新砦大邑的意义非同小可。

一般认为，夏王朝始于公元前21世纪（夏商周断代工程年表给出的夏始年是约公元前2070年），这是一个大致的数据。但是在此前的数百年，一直到所谓的夏王朝早期，各地的文化势力纷纷向中原地区渗透。从二里头出土的器物我们就能看出不同的文化因素，有来自山西的、湖北的、山东的……各方势力逐鹿中原，究竟是为了什么呢？这还有待于进一步探究。但至少从现象上，我们能看出来，那个时候还没有出现一个能被称为"王朝"的强大的中心。几百年间，小国共存、城址林立，我们看到在中原腹地，这些小的共同体之间相隔也就是三四十千米，相当于现在县城与县城之间的距离。它们对资源的利用还是各自为政，甚至还处于相互对立的状态，我们还看不到明确的"王朝气象"。

直到二里头文明崛起的前夜，一个更大的聚落才开始出现，初具社会整合的态势，这就是==新砦大邑==。

如果跟历史文献进行关联，那么在公元前2000年前后，被视为我们华夏族群"成丁礼（即成人礼）"的夏王朝出现了，而我们在考古发现上还没有看到所谓的"王朝气象"。这说明什么呢？说明我们对传世文献要做进一步的审慎分析，因为那些文献主要都是夏王朝灭亡1000年之后（从战国到汉晋时代）的记载。如果我们的后代认为他们比我们更熟悉距今1000年前的宋代的话，我们会同意吗？这样我们就会明白，为什么目前从考古学的角度还搞不清楚究竟什么是夏，什么是商了。请看二里头、偃师商城、郑州商城、洹北商城和安阳殷墟，这么多的重要都邑，究竟是哪个王朝的哪座都邑？几乎每一处都有两种及以上的可能性。只有到了武丁至帝辛（即商纣王）的都城殷墟，才能够说定落实。为什么？是因为当时的文书材料——甲骨文出现了，中国历史从此进入了信史时代。我们管这之前扑朔迷离的历史阶段叫原史时代。

与夏商文明有关的都邑遗址的推断意见

朝代与推断都邑		二里头文化	二里岗文化		殷墟文化	
		二里头	偃师商城	郑州商城	洹北商城	洹南殷墟
夏	夏都斟寻	✓				
	夏桀都	✓	✓			
商前期	汤都亳	✓	✓	✓		
	伊尹城		✓			
	辅（别）都重镇		✓			
	太甲桐宫		✓			
	太戊新都		✓			
	仲丁都隞			✓		
商后期	河亶甲都相				✓	
	盘庚都殷		✓		✓	✓
	武丁—帝辛都殷					✓

23

▲ 龙山时代黄河中下游地区聚落群遗址分布（刘莉制图）

二里头在哪里？

有了前面的基本认识，我们再来看二里头文化的独特所在。

二里头遗址位于洛阳盆地之中，地处中原腹地，就是在黄土高原和华北、华中大平原的交会地带。就这么一个1000多平方千米的小盆地，在2000多年间，有1500年以上，13个王朝在这儿建都，这在整个世界文明史上都是罕见的。

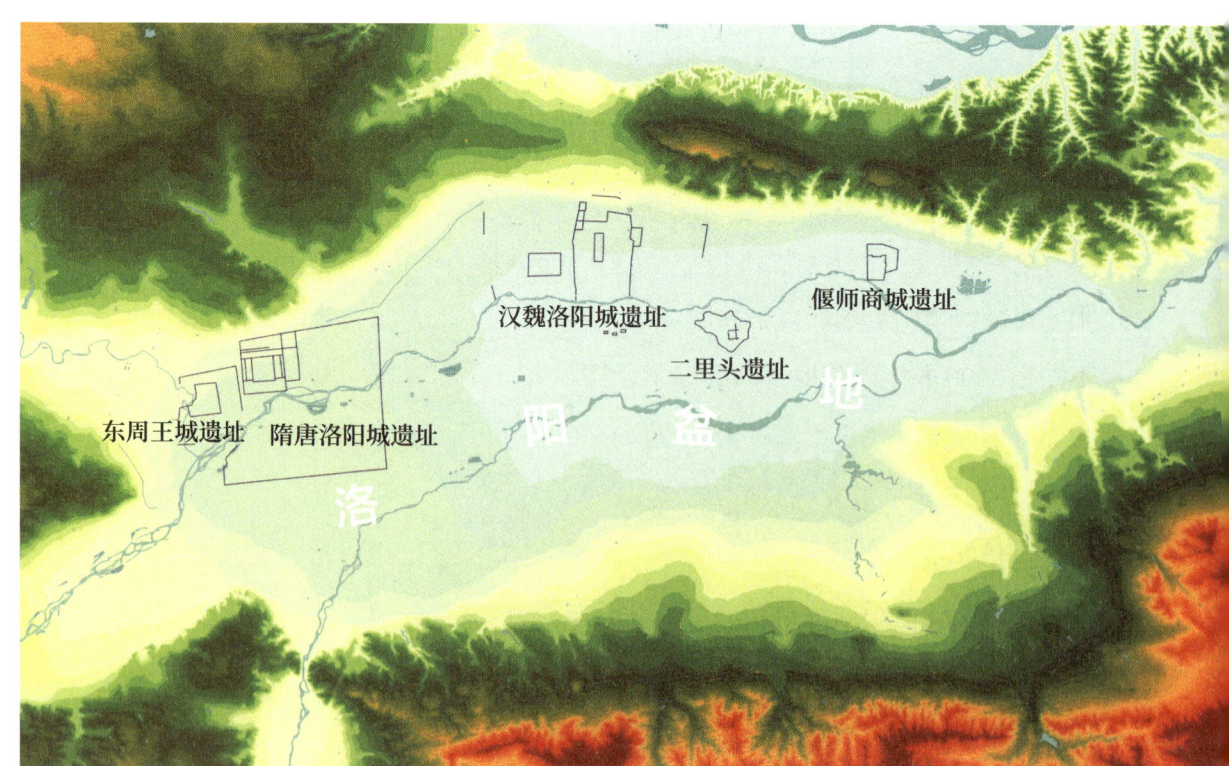

▲ 二里头遗址与洛阳盆地内的其他古代都邑

你也许听说过，中国古代士大夫的人生理想是"生于苏杭，葬于北邙（máng）"。二里头，正是北依邙山。我们知道，中国各地都有非常严重的盗墓情况，几乎是"十墓九空"。在洛阳，可以说是"十墓十空"。究其原因，是因为这个地方是古代都邑的集中分布区，古墓特别多，规格又特别高，所以树大招风。还有一个原因，就是这里最先出现了一种集原始与先进于一身的勘探工具——洛阳铲。洛阳铲，据说是盗墓贼的发明，但是它到现在还是考古工作者手中的利器。不夸张地说，到目前为止，全球范围内还没有任何一种高精尖的仪器设备可以取代这个简单的洛阳铲，这就是它的神奇之处，特别适用于我们的黄土地带。

我们从下一页的卫星影像看，二里头遗址的北边是现在的洛河，南边是伊洛河故道。古人认为水之北、山之南为阳，这里应该是最早的洛阳，伊洛河之阳。现在，质朴的二里头村民已经不知道3000多年以前地下的辉煌了，实际上，这也是一种文明的"断裂"。**考古学者作为"无字地书"的翻译者，有义务来接续这种文化记忆。**

在二里头进行考古发掘的同时，我们还对洛阳盆地进行了大面积地毯式、覆盖式的踏查。通过多年的工作，我们勾画出这个区域发展的大致脉络。大家知道，在前仰韶时代，就是约公元前6000年到公元前5000年，可谓地广人稀，很难

❓ 洛阳铲长什么样？

与普通铲子不同，洛阳铲的铲头呈半圆筒形。这个铲头看似简单，但是技术含量是很高的。把它插入地面后可以带出土来，从而进行勘探分析。考古人就是主要通过分析洛阳铲带上来的土壤堆积及其包含物来识读无字"地书"的：灰土一般是垃圾坑或文化层的土，千层饼似的土一般是路面或其他人们活动面的遗存，夯土一般是大中型建筑或城墙的遗存，而"五花土"则多见于墓葬。

▲ 辨别技工用洛阳铲钻探出的土

踏查，实地查看，指对调查地区进行全面概括了解的过程。

▲ 二里头都邑布局大势（赵海涛制图）

> **❝** 二里头大型都邑的登场，可以看作文明史上的一个质变。**❞**

从中找到那些聚落点；到了仰韶时代，约公元前5000年到公元前2800年，人口大膨胀，农业非常发达；到了龙山时代，就是约公元前2800年到公元前1800年，这1000年左右也是持续兴旺。但是一直就没有像二里头这样超大型的聚落产生，没有一个"金字塔的塔尖"。

二里头遗址现存面积300万平方米，我们工作了这么些年，发掘了多少呢？

从1959年发现遗址到现在，60多年几代人过去了，我们只揭开了5万多平方米，不到总面积的2%。大家想一想，这就像愚公移山一样，"子子孙孙，无穷匮也"，一代一代就要这么干下去。不过，相信后代比我们要聪明。我们要有可持续发展的思想，给后人留下更多的遗产。

细数二里头的"中国之最"

最早的宫城、主干道网和多网格城市布局

在二里头都邑,我们发现了中国最早的宫城、城市主干道网(也就是"井"字形大道)。大道一般宽10余米,最宽处达20米,参加工作的同仁戏称其"已达到现代公路四车道的标准"。据最新的考古发现,宫城以东大道的长度已超过千米。道路是城市的骨架,没有道路,城市无从谈起。

四条大道圈围起宫殿区和后来的宫城。

宫城呈纵长方形,围以夯土墙,面积近11万平方米。虽然它的面积大约只是明清紫禁城的七分之一,但总体形制与布局一脉相承。宫城南墙偏西有一座大的门塾建筑,相当于故宫的午门。

最新的发现表明,围绕宫殿区的"井"字形大道向外延展,形成更复杂的路网,路网之间是带有围墙的一个个封闭空间。所以说,路网既是交通孔道,又起着分割城市功能区的作用,显示出极强的规划性。对于作为权力中心的政治性城市而言,这是非常重要的特征。

> 门塾,指将门修建为堂屋(即塾)的形式。

最早的中轴线布局、四合院式宫室建筑群

在二里头宫城内,我们还发现了中国最早的中轴线布局、四合院式的宫室建筑群。大家知道,中轴线对于中国人来说太重要了,宫室建筑坐北朝南、封闭式结构、土木建筑、中轴对称……这样一些建筑规制,甚至礼制、政治原则,一直为后代中国所承继。这些要素,从"建中立极"到"中庸",甚至河南话的"中不中?中!"都是"中"文化的体现,也是中国文化的DNA。春秋战国时期或者更早,"中"文化就被写进了典籍,如今更是浸润到了我们的骨血里。

我们在二里头不仅发现了大的四合院,还发现了中国最早的多进院落的宫室建筑群。这种建筑结构是比较复杂的,但是它比二里头文化晚期的四合院出现得还要早。中国古代建筑是土木建筑,很难保存下来,不像帕特农神庙、埃及金字塔那样的石头建筑。土木建筑堆不高,到了战国时期,高台建筑的台基已经堆得很高了,但顶多也就是堆十几米。这样一来,用什么方式来呈现类似于帕特农神庙那种带有纪念碑性质的象征物呢?中国古代建筑就向纵深发展,"庭院深深深几许",注重多进院落,以此彰显身份地位。我们看明清时期的北京城,单进的四合院就是小门小户,三进的和五进的恐怕就得是贵族、王爷一级的居所,而最大的四合院就是皇帝住的紫禁城了。

这样的大型礼仪建筑在二里头被发现,再往前则很难寻

> **❝** 做历史研究，必须得把那些具体的物放在一个大的背景关系里去理解，这样才有意义，才能看得更真切。**❞**

觅了，即便存在，也处于雏形状态。二里头都邑的重要性正在于此。

总会有人问我："许老师，你考古生涯最重要的发现一定是'绿松石龙'吧？"的确，"绿松石龙"是在我们手里被发掘出来的。但我的回答是：不是，本人在中国考古界是以做"不动产"著称的。什么是"不动产"？四合院、宫城、道路网络系统、中轴线、建筑结构布局等都是。所以，中国最早宫城

▼ 河南洛阳二里头遗址的绿松石龙形器与青铜铃

的发现才是我最看重的。聚落形态这种"不动产"太重要了，比那些值钱的文物还重要。考古肯定是研究物的，但与其说是研究物，不如说是研究物后面的背景及其相互关系的。实际上，这也是盗墓、文物收藏和考古之间的重要差别。

超级国宝"绿松石龙"

在宫殿区，我们发现了许多重要的遗物，其中包括被誉为超级国宝的"绿松石龙"。严谨点说，是"绿松石龙形器"。它是用2000多片细小的绿松石片做成的，每一片只有几毫米大小，厚度也就是1毫米。这么多绿松石片，一点点粘嵌在

木头或者皮革等有机质上。有机质彻底腐烂后，只剩下这些小片片了。这些绿松石片如果有个铜托儿（譬如以往发现的嵌绿松石铜牌饰）还好办，谁都挖不坏，但最怕下面这种场景：假如有同学到现场去实习，老师和领队都暂时没在身边。他一看这个绿松石片，非常兴奋，见一片抠一片。抠完之后，老师回来了，他提着标本袋报功说："老师你看，2000多片绿松石片呢！""那'龙'呢？"老师会直接崩溃。这当然是个笑话了。不过我们要知道，在考古当中，背景关系至关重要。

绿松石龙原来是放置在贵族墓的墓主人身上的，从肩部到胯部70厘米长，上边有一个铜铃，还带有青铜器的锈，但当时使用时应该是金黄色的。金黄色的铜铃"叮当"作响，再加上一条碧绿的"龙"。墓主人是什么身份呢？还埋在宫殿区的院子里。这引人遐想。有人说墓主人是祭司，有人说是巫师，还有人说是王室成员，他的具体身份暂时是考古学没法揭示的。

最早的国家高科技产业基地

我们在这里还发现了中国最早的围垣作坊区。

几十年前，我们的前辈就在这里发现了中国最早的铸铜作坊，后来，我们又在这里发现了中国最早的绿松石器作坊。可以说，这里是中国最早的国家高科技产业基地，重要程度相当于我们现在的西昌卫星发射中心。

为什么这么说？在当时，宫城区域可能还只是用栅栏围着的时候，这里就已经用夯土墙围起来了，并且肯定还有重兵把守。我们知道，四川三星堆、江西新干大墓等出土的青铜器，都是相当于殷墟时期（约前1300—前1050年）的。也就是说，那个时候中原高精尖的青铜冶铸技术已经泄密外传。但是，在二里头时期（约前1800—前1500年）和此后的二里岗时期（约前1500—前1300年），只有二里头和郑州商城是最令人瞩目的两个能够铸造青铜礼器的都邑。除非像湖北武汉盘龙城这样明显是中原商王朝派出机构的地方，不可能有任何一个地方可以铸造青铜礼器，这就是"国之大事，在祀与戎"。

这些软硬实力使得二里头和二里岗文明所代表的广域王权国家发达起来了。现在看来，无论是在古代还是现代，"立国之本"都是一样的。就这样，一套与中原王朝礼仪相关的规制已经发展成型了。

我们这些研究成果，到最后就凝聚在我领衔主编的一套《二里头（1999—2006）》报告里了。这部大型报告，有400多万字，5大本，2000元一套，印刷了1000套全球发行，给海内外研究中国考古学的人士看足够了，根本不需要重印。

有朋友对我说："你说你们考古学家是翻译，把无字'地书'翻译成我们能看得懂的，但你们'翻译'了半天还是'天书'，我们还是看不懂啊。"所以我还要继续翻译，把考古报告这样的"文言文"翻译成青少年朋友都读得懂的"白话

> **国之大事，在祀与戎**
>
> 这句话出自《左传》。祀就是祭祀，由青铜礼乐器这套东西来具体实施；戎就是战争，指绝对的打压能力，包括对青铜兵器的占有使用。

▲ 大型考古报告《二里头（1999—2006）》

文"。像这样，都配上图，"有图有真相"，给大家一点点解释清楚，也算是考古人的一点贡献。

这套考古报告有各个学科的 60 多位作者参与其中。我起初觉得，自己本科、硕士、博士都是考古专业科班出身，还挺得意的，现在想来有点自惭形秽，因为知识面太窄了。如果你懂农业又懂考古，你就是农业考古学家；如果你懂音乐又懂考古，你就是音乐考古学家。所以说，在目前多学科相互碰撞和渗透的形势下，年轻朋友们一定要打牢基础，你学任何东西到最后都有利于考古学的学习和研究。

考古学是一门本原性的学科，它能给任何学科甚至公众提供给养和灵感。任何学科如果要追根溯源的话，都可以追溯到前文字时代，也就进入我们考古学的领域了。

当然，考古学要能学好了，也可以做通才。像著名作家张承志先生，就是考古专业毕业的，所以他能写出"彩陶流成河"这样的句子来。科技给考古插上了翅膀，这些手段使得我们以前完全没办法探知的一些信息被掌握。20世纪80年代我在山东大学当教师的时候，在国家文物局考古领队培训班接受培训，那是当时最高精尖的培训。当时的考古工作规程是，探方工作区里的采集物除了土，什么都要。即使石头，也很有可能是砺石或石料等，都得让领队老师看看，不能随便处理了。但是现在，随着科技发展，土也变得很重要，里面蕴含了非常多的信息。通过浮选法，我们可以从土里得到大量的信息。先人吃的粮食，像小米、黄米、小麦、大豆、大米这些旱作稻作植物，甚至狗尾巴草等野生植物，我们都可以通过碳化的种子了解到它们的存在。通过孢子花粉，我们可以知道当时的气候、植被等情况。这大大扩展了我们的认知，带来了一种革命性的收获。

青铜礼器群：
奠定华夏礼乐制度

虽然原史时代的这些现象，目前从考古学上还无法判断它们是"姓商"还是"姓夏"，不过可以确认的是，处于肇始期的华夏文明是礼乐文明的开端。

青铜时代来临后，中原先民并没有把青铜制成农具来改善人与自然的关系，也没有像三星堆人那样重视人与神的关系，把它做成用于巫术、祭神的东西，而是把它做成青铜礼器，用来祭祀祖先。这就属于政治立国，而政治就是在处理人与人之间的关系。

可以说，整套的青铜礼器是具有中国特色的礼乐文明的物化载体。那么，它又是怎么来的？我们可以一直往上推。考古人就像是侦探，就靠这些蛛丝马迹，来做独立于文献的探究。如果仅凭文献，别说3000年前，就是30年前的事我们也说不太清楚。所以，我们对文献不能尽信。

如果说，在二里头以前，社会分化得还不是那么厉害，顶多用玉器、精制陶器、漆器等来作为身份地位的象征，那么到了二里头时代，**最早的青铜礼器群标志着中国青铜时代的到来**，礼乐制度这套体系就奠定起来了。

我们看这个青铜鼎，也就20厘米高，纹饰简单，却是"中国第一青铜鼎"。没有这个鼎，也就没有三四百年之后司母戊大方鼎（也称"后母戊鼎"）的辉煌和厚重，这是一个开端。

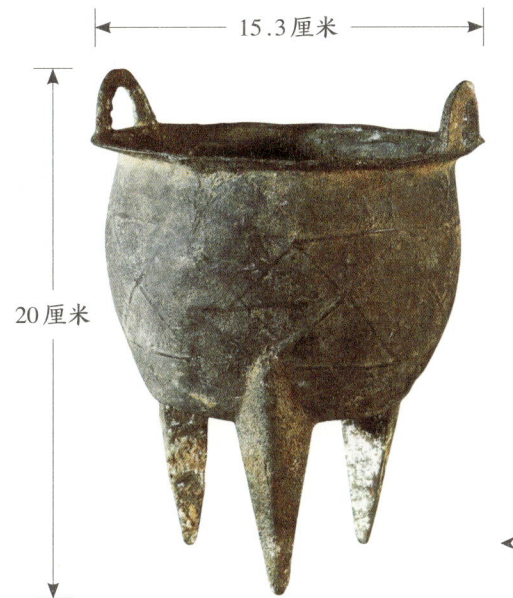

> 在中国最早的青铜礼器群现身于二里头都邑之前，我们只发现了龙山时代的一些零星的复合范铜铸件。二里头礼器群对中国青铜文明而言太重要了，也很难得。

◀ 二里头青铜鼎

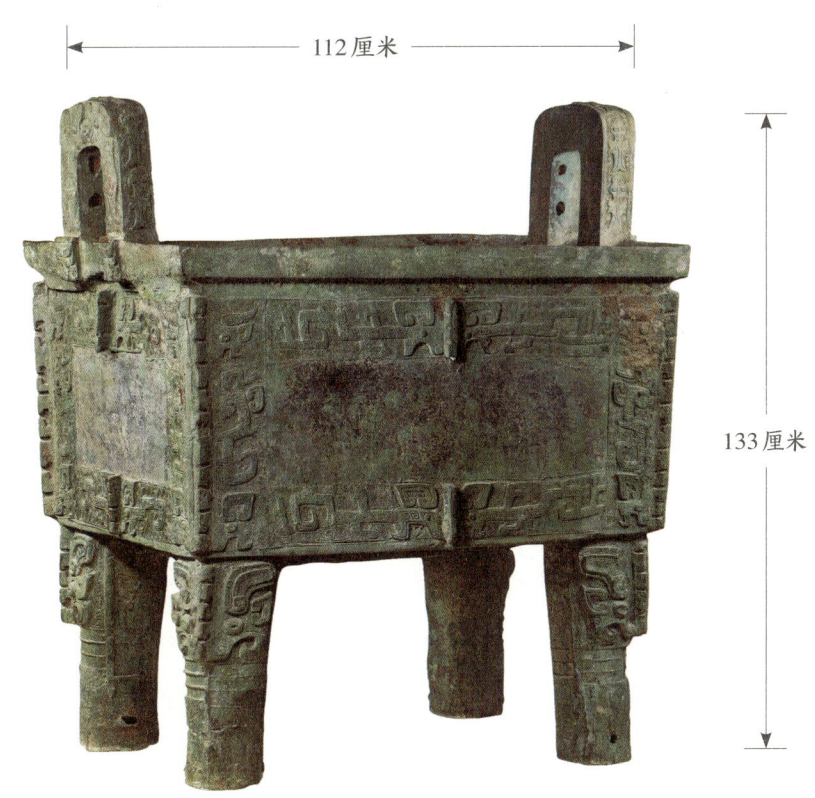

▶ 司母戊大方鼎

❓ "模范"最早是怎么来的?

"模范"这个词在中国很流行,而"模范"的本义就是"内模外范",这在青铜铸造技术中是一个最重要的术语。德国著名汉学家雷德侯教授在《万物:中国艺术中的模件化和规模化生产》中,从青铜器的模件和它的规模化生产等几个侧面,来探讨中国人的行为方式及思维方式。

汉字的偏旁部首,也就那么几个,中国人却出神入化地加以组合,造出了那么丰富的汉字。青铜铸造也是如此,所以,把"模范"作为中国文化的一个表征是非常形象的。

本来,外边的青铜冶铸技术在传进来的时候是非常简单的,但是一旦到了中原地区,就会融入几千年模制陶器的传统,生发出新的面貌。大家知道,好多陶器都是模制的,在青铜技术引进之前,有些陶器的部件就是用模具来做的。这种源远流长的模制传统,跟外来的青铜技术相结合——铜水往模具中浇铸,这么大的一个鼎就制作出来了,这是一个极大的创新。有些工艺不一定是我们原创的,但是一旦到中原地区来加以改良,我们祖先制造出的产品就屹立于整个世界青铜文明之林了。

我们再看这个钺(yuè),看着不起眼,但它是"中国第一青铜钺"。说起来非常遗憾,好多好东西都不是考古人亲手挖出来的,而是村民或施工队挖出来的。我记得很清楚,2000年,我们正在遗址上钻探,晚上一位邻村的老乡在我熟悉的一位考古技师的陪同下来考古队,用废报纸包了两块铜片。这位老农说:"队长,就是两件破铜片,你看有没有用。"我一看,眼睛一亮:中国最早的青铜钺出土了!我就问他是在什么情况下发现的,他说是帮人盖房子挑槽子,从土里刨出来的,第二天觉得能卖几个钱,又回去捡,居然还在那儿放着。他想看看是不是铜,就敲砸铜片的表面,把青铜的锈都砸掉了。收废品的来了,说这也就值五六块钱吧。他说五六块钱都不够买条烟的,就没卖。当时我心里就有数了。按照相关规定,考古队是没有收购文物的权力的,但可以给予一定的奖励,否则更没有

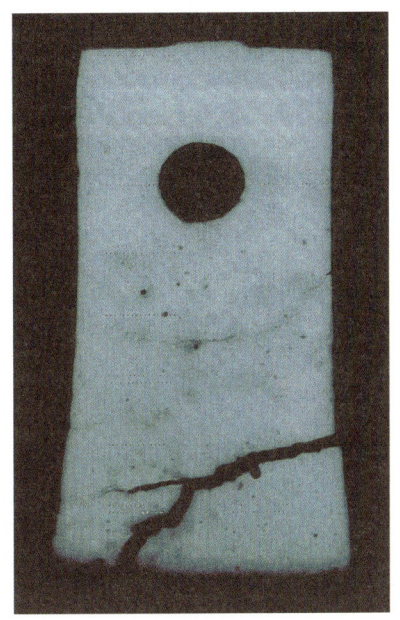

▲ 二里头青铜礼兵器：钺

细瞧二里头铜钺

跟辉煌的商周青铜重器相比，这铜钺太普通了，简直就像丑小鸭一样。它挺像我们现在用的斧头，但器体很薄，刃角稍向外侈（chǐ），刃部比较钝。刃部较钝，说明这件器物应不是实用性兵器，而属于礼仪用器。经金相检验及成分分析，可知这件铜钺的平均铜含量为93.3%，锡含量则仅为5.7%，属低锡青铜。

钺的肩部中央有一凸起，凸起的顶面呈断碴状，像是器体折断的痕迹。据此，我推测这件铜钺可能像其他商周时代的铜钺一样，也有"内"（音nà，戈、钺等兵器后部用于绑缚加固器柄的突出部分）。后来，X光照相（上面右图）的结果表明，铜钺肩部凸起的碴口周围结构致密，可排除其为浇口的可能性，应该是有"内"的，此为断裂处。

钺身素面，没有什么装饰，仅近肩部有带状网格纹一周，花纹凸起。花纹带的下方有一个圆孔。整器残长只有13厘米多，宽6—7厘米。该器出土时及其后遭到锤击，表层铜锈多已剥落，局部损伤。

这件铜钺与二里头遗址中二里头文化晚期贵族墓所出玉钺的形制颇为相近。钺身所饰带状网格纹也与该墓同出的七孔玉刀上的划纹类同。类似的纹饰还见于同时期贵族墓所出铜鼎的腹部。由此，我们推测这件铜钺的年代也应当属于二里头文化晚期。

人上缴文物了。他是接受不了五六块钱的价格，那我们给他的奖励不能低于这个数啊。这个权限我这个考古队长还是有的。最后，我奖励了他30块钱，给了陪他前来的技师20块钱。他们推让了一下，也就都收下了。以前民风淳朴，发现文物了老乡都会送过来，现在都知道"香炉"之类的（三足的鼎、爵等）比较值钱，大多直接往外卖了。所以这件铜钺能被送到考古队来，是不幸中的万幸。第二天我就赶紧让他带着我们到出土的地方去，详细记录，又让我的助手专程把铜钺带到西安，用意大利的 X 光机拍了一下，最后发表出来，并附上了科技检测报告。好多重要的文物都是这么出土的。二里头就是这样，出点什么东西都可能是"中国之最"。

在二里头，玉质、陶质的礼器，也被发掘出来。无论是制作陶器还是玉石器，都是利用物理的变化，缓慢地拉坯，精雕细琢；到了青铜时代，青铜冶铸就是利用化学变化了，瞬间成型。当然，陶器的烧造也给青铜冶铸提供了技术基础。

从这个角度看，二里头正好是中国古代礼器由玉器时代演进到青铜时代的一个节点，"金玉共振"构成了这个时代的一个显著特征。

中国最早的近战兵器群包括戈、钺和长身战斧。在这方面二里头走在各个族群的前列。箭头肯定不是近战兵器，但是属于不可回收的消耗品。箭头的批量生产表明青铜生产已经达到了相当的规模。

嵌绿松石铜牌饰可以说是中国最早的"金镶玉"制品。中国古代的"吉金"指青铜，玉指包括绿松石在内的宝石。铜牌饰是在青铜的底托，也即铜牌上面，粘嵌绿松石而成。

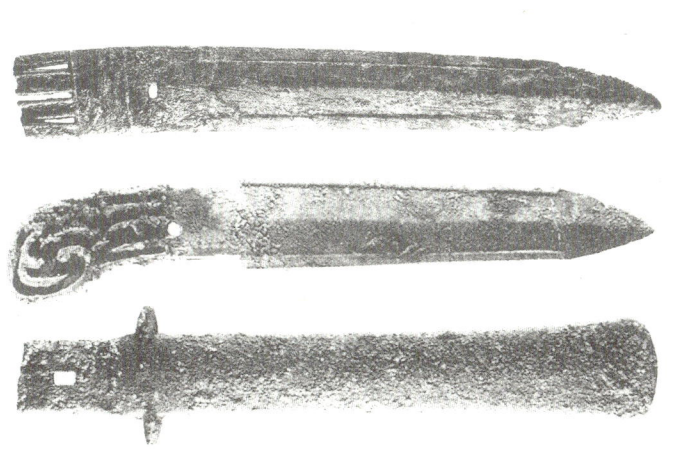

▲ 二里头青铜镞

▲ 二里头铜戈和长身战斧

▲ 二里头嵌绿松石兽面纹铜牌饰

甘肃齐家文化、新疆哈密天山北路墓地的青铜器，它们跟二里头文化大体同时或者还要早一点，这些可以看作二里头前身的青铜器，都是用来做装饰品和日常用品的，可以概括为"饰用文化"。但是青铜技术一进入中原，中原人就把这些技术用在他们认为最重要的、祭祀祖先的礼器（容器，尤其是酒器）上面来，从而形成了"吃喝文化"。据说，有一位美国女博士是研究人类学的，对于上古时期的"夸富宴"，也就是夸耀富裕的宴席怎么也搞不清楚。但她来到中国，吃了两顿北方农村的大宴席（几十桌的那种排场）以后，也就明白了什么是"夸富宴"。

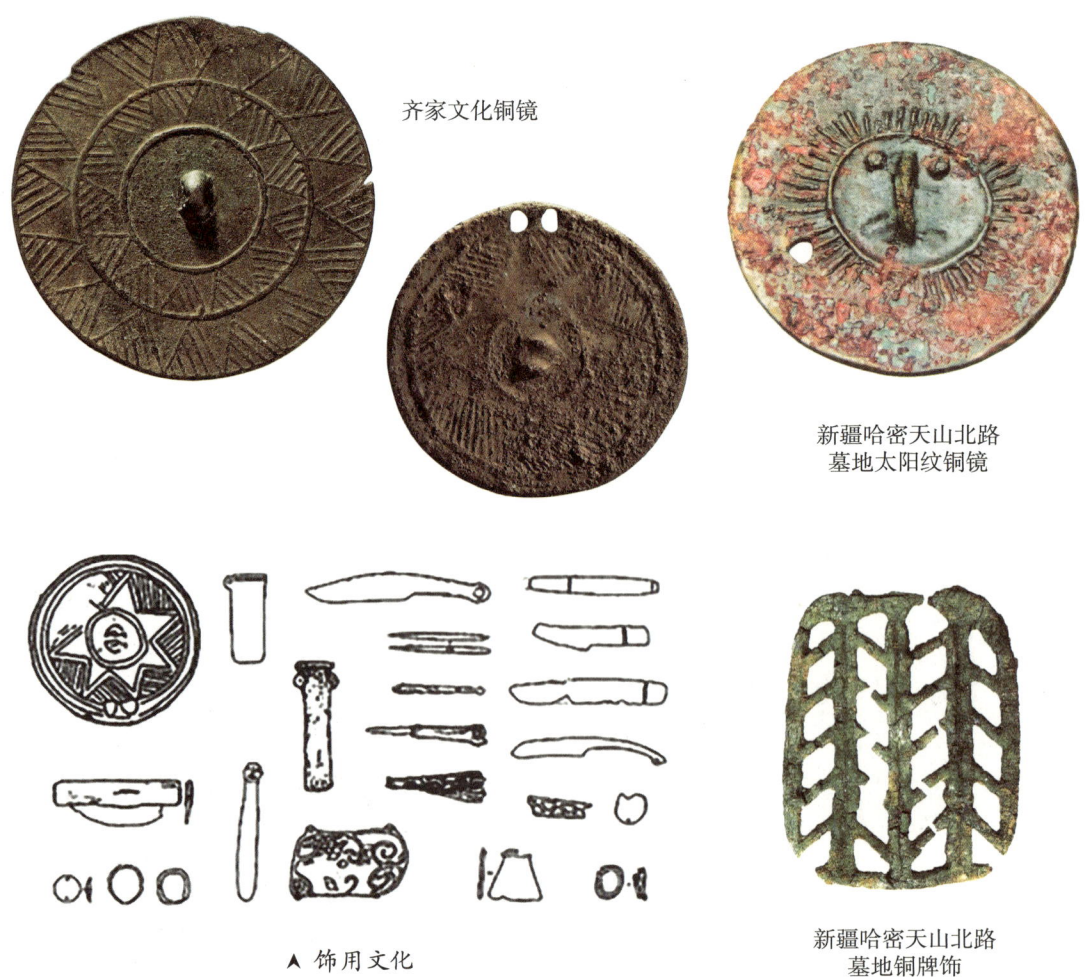

齐家文化铜镜

新疆哈密天山北路墓地太阳纹铜镜

▲ 饰用文化

新疆哈密天山北路墓地铜牌饰

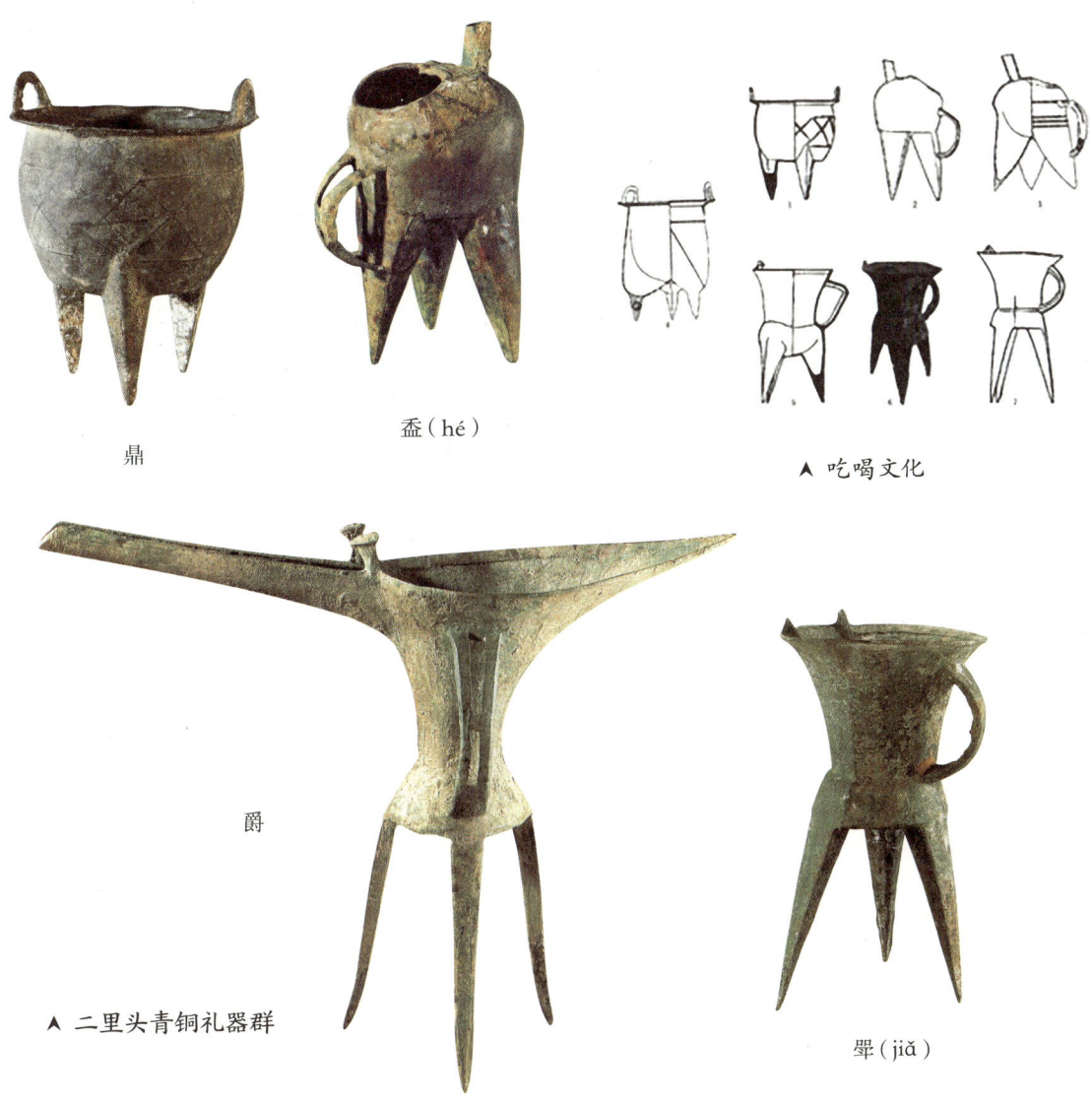

鼎　　盉（hé）　　▲ 吃喝文化

爵

▲ 二里头青铜礼器群　　斝（jiǎ）

❓ **青铜礼器群的"成员"**

爵起初是一种酒器。铜爵见于二里头文化至西周时期，成为贵族、王室身份地位的象征物。再后来出现"爵位"的说法，"加官进爵"并提，爵成了品级的象征。爵由礼器，演变为后世中国社会政治文化的重要符号，个中原因，颇具深意。

斝是中国古代先民用于温酒的酒器，与爵相似，但比爵大，也用作祭祀时的灌器。盉是一种调酒器皿，是古人调和酒、水的器具。

鼎是一种古代炊器，相当于现在的锅，用于煮或盛鱼肉，形状大多是圆腹、两耳、三足，也有四足的方鼎。铜鼎是在新石器时代陶鼎的基础上发展而来的。

▲ 二里头与周边地区的资源形势（金豆豆制图）

　　肇始于二里头文化的中原青铜文明，在 二里岗文化 时期得到了长足的发展。在当时的主都郑州商城，工匠们已能铸造出大铜方鼎。在中原王朝的礼制中，方形器要比圆形器规格高一大截。著名的司母戊大方鼎，一般认为出自王陵，等级较高的妇好墓也出土了司母辛方鼎。

　　如果夏禹当年真像文献传说中的那样铸了九鼎，也应该是大方鼎，是国家命脉的象征，而不应该像现在的网络游戏里想象的那些鼎。这种青铜重器是跟权力、政治和驭人之术相关联的。前面说的"内模外范"，都是用于制造这类礼器的。这是显现中国人思维方式的礼乐用器，在后来的商

> 各地出土的跟二里头相近的文化元素表明，二里头文化的扩散应该不是强力的军事推进的产物，而是各地的酋长甚至人民选择性地接受二里头文化元素的产物——以它为高、为大、为上，是一种文明自发地向外扩散、模仿导致的文明的扩散。

周青铜文明鼎盛期大量出现。有些要素则传布得更久远，比如"爵"。爵由礼器演变为品级的象征，像这样的流变传承都是浸润于中国人骨血之中的，还有许多细节需要探究。

我们发现，自从二里头这个中心出来之后，在内蒙古敖汉旗一带，长城以北都有二里头式的器物，而整个长江上、中、下游，从马桥文化直至三星堆文化，也都受到二里头文化的影响。三星堆青铜文明高度发达，但那已经到了殷墟时期，跟二里头相比还是很晚的。

❓ 二里岗文化

二里岗文化以河南郑州二里岗这一小地名命名，绝对年代晚于二里头文化。目前多数学者认为，二里岗文化和殷墟文化构成了商代考古学的主体。在这个时期，以郑州商城为中心的二里岗文化不仅覆盖了原先二里头文化的分布区，而且急剧向周围扩展。东至海岱，西达关中，北抵冀中，南逾江淮，这个广大区域内的人们在日常生活中都使用着同一套形制的陶器。要知道，制作工艺简单而不便携带的日用陶器，往往有着很强的地域性特点。如果没有人群迁徙或政治强势干预等因素，它们很难在如此广大的地域内保持风格高度一致。

尽管二里头距今3000多年，那时还没有现在这样庞大的国家实体，但是，它已经奠定了后世中国的雏形。二里头文化风格的重要礼器玉石牙璋的辐射范围已经到了越南北部，跟《尚书·禹贡》所载"九州"的范围，以及秦汉帝国统一疆域的范围大致相当。

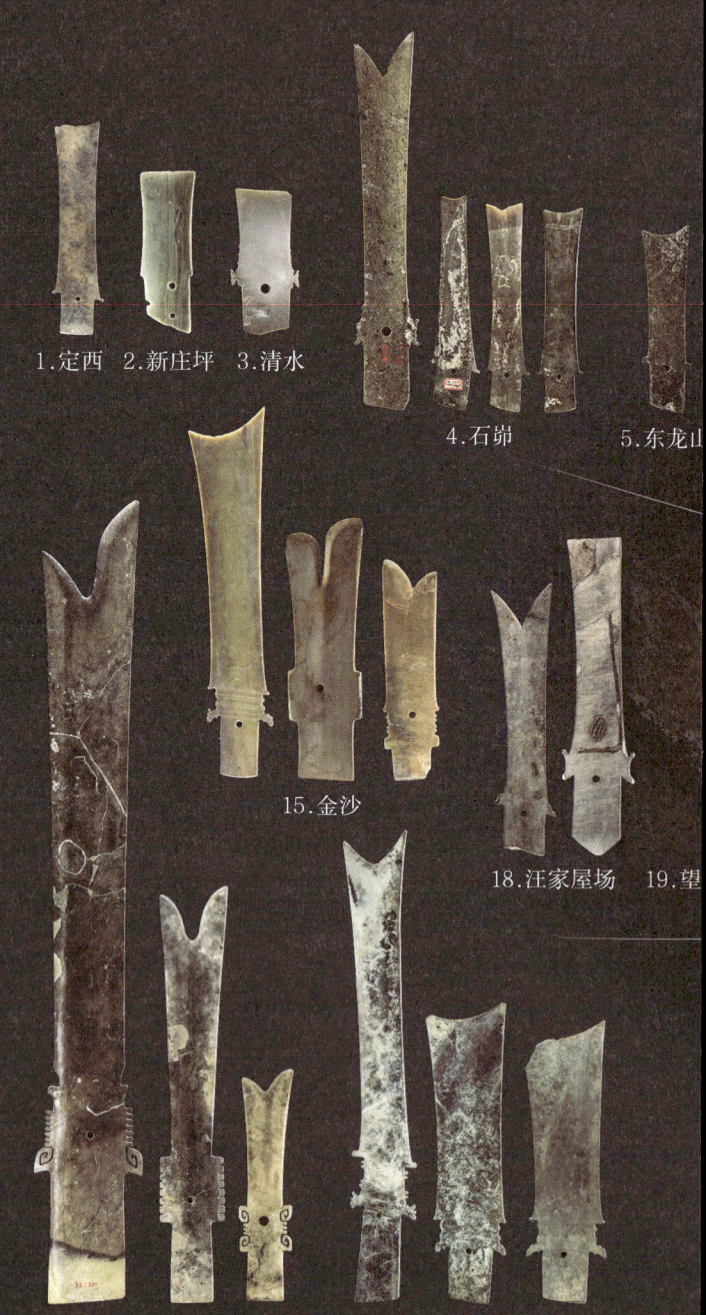

▶ 二里头时代前后玉石牙璋的分布（邓聪制图）

根据《尚书·禹贡》记载，九州分别是：冀州、兖州、青州、徐州、扬州、荆州、豫州、梁州、雍州。

我们应该怎么探究文明与国家的形成？

经典作家恩格斯关于"文明社会"有一个定义最为国内学者所认可，即"国家是文明社会的概括"。无论是国家的形成还是文明的产生，都没有一道清晰的门槛——这是一个绵延生长的过程。**考古学所擅长的，恰是对历史文化发展进程的长时段的观察。**

从长时段的视角看，前国家社会和早期国家之间的差异还是较为分明的。我们看右侧的这两张图：仰韶文化聚落形态的特点是向心、开放，公众参与是属于原始民主制的；这与封闭、独占、秩序性极强的中原广域王权国家的宫室建筑形态形成了鲜明对比。

从二里头开始，大四合院的建筑和更早的多进院落宫室建筑群出现，到明清紫禁城，一脉相承发展下来。如果说，前几千年整个中国新石器时代是偏于缓慢发展的，那么，从青铜冶铸技术进入中原以来的这1000年，从龙山时代小的邦国城邑，逐渐演化出二里头、郑州商城、殷墟这样的大都邑，都邑呈几何级地扩张。

▼ 仰韶文化姜寨聚落复原

▼ 偃师商城宫室建筑复原

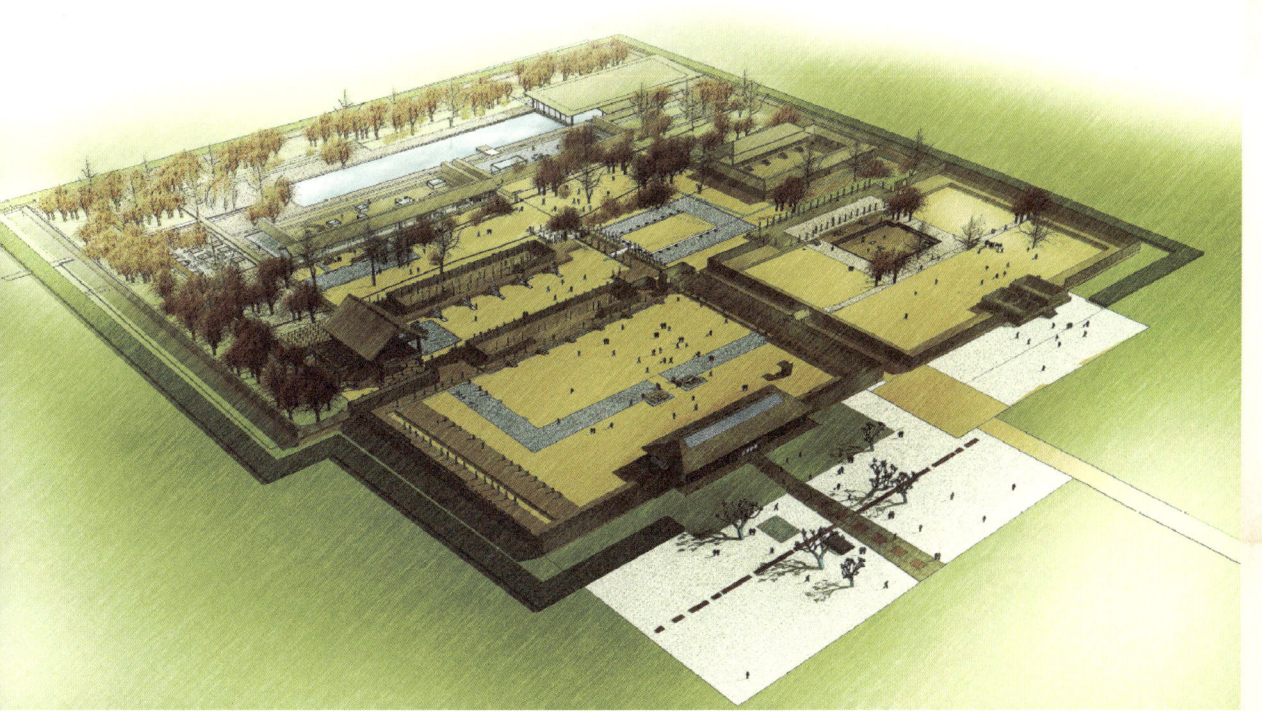

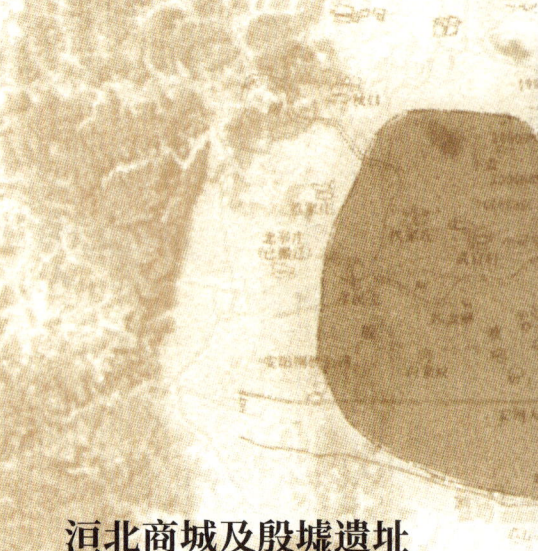

洹北商城及殷墟遗址

偃师商城

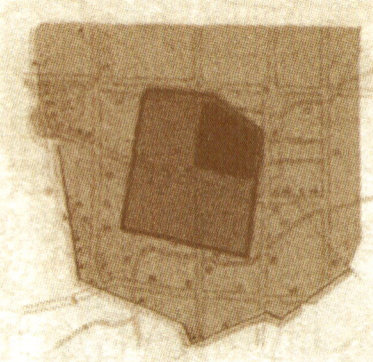

郑州商城

二里头遗址

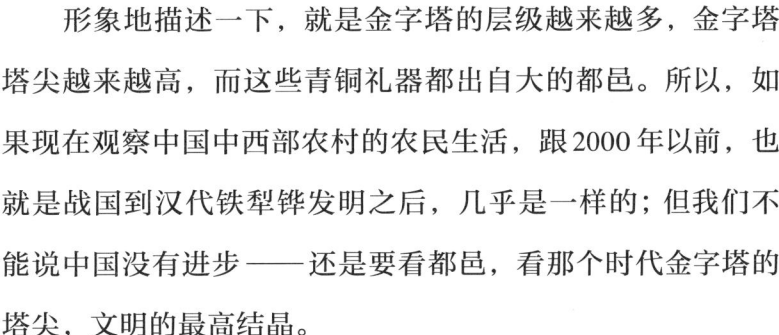

形象地描述一下，就是金字塔的层级越来越多，金字塔塔尖越来越高，而这些青铜礼器都出自大的都邑。所以，如果现在观察中国中西部农村的农民生活，跟2000年以前，也就是战国到汉代铁犁铧发明之后，几乎是一样的；但我们不能说中国没有进步——还是要看都邑，看那个时代金字塔的塔尖，文明的最高结晶。

都邑千年史 空前大提速

公元前 2100 年	· 王城岗（龙山文化中晚期） · 都邑面积：30 公顷
公元前 1900 年	· 新砦（龙山文化末期—二里头文化初期） · 都邑面积：100 公顷
公元前 1700 年	· 二里头 · 都邑面积：300 公顷
公元前 1500 年	· 郑州商城 · 都邑面积：1300 公顷
公元前 1300 年	· 殷墟 · 都邑面积：3600 公顷

1 公顷 = 1 万平方米

城址规模比例尺
0　1000
　500　2000米

◀ 二里头到殷墟时代都邑级聚落分布（陈筱制图）

早期的中国是土生土长的吗?

> 早期的中国既不是纯土生土长的,也不是完全外来的,而是建立在海纳百川吸收外来文化因素,到了当地又经过本土化吸纳、创造的基础之上的。

❓ 分子人类学

分子人类学(Molecular Anthropology),指通过分析人类基因组的分子及DNA遗传信息来探索人类起源、族群演化、古代社会文化结构等问题的一门新兴学科。

把文明的传播形容成流水,不如形容成病毒。如果大家觉得病毒不好听的话,就形容成细胞或者基因。**文明传播最大的特点,就是在复制的同时产生变异,可能变得完全不同**——中国文明恰恰就是这么出来的。

如果看一下全球早期文明,就能意识到,早在中国青铜文明产生的一两千年之前,地中海东岸地区和中亚地区就有了比较发达的青铜文化。现在看来,整个欧亚大陆没有什么不可逾越的自然障碍。大家想一想,分子人类学已经证明,连我们的远祖——生活在这片土地上的旧石器时代的智人,都是单纯用脚,从非洲一点点地走过来的。人的移动和文化交流,只要以时间换空间,就没有什么地理区隔是不可逾越的。何况在青铜时代,欧亚大陆西部开始有了马车,在整个欧亚大陆上进行交流就更加通畅了。全球文明史的探究方兴未艾,半个多世纪前才开始。此前的所有历史研究,都只能归为区域史的范畴,无论是希罗多德的《历史》，还是司马迁的《史记》。这就意味着，我们还有大量的工作可以做，中国学者也可以为全球文明史的探索做出更多的贡献。

我们如果打开眼界，就会发现以青铜冶铸为代表的一些外来的文化因素有东渐的趋势。很明显，这种交流和传递是一波一波的。我在《东亚青铜潮》这本书中，以前甲骨文时代的千年变局为主线，从全球文明史的视角，来写这个宏阔的态势，进而探究中国是怎么诞生的。从上古开始，全球各地的文明就不是封闭的，中国青铜文明的诞生就大量吸收了外来的文化因素。

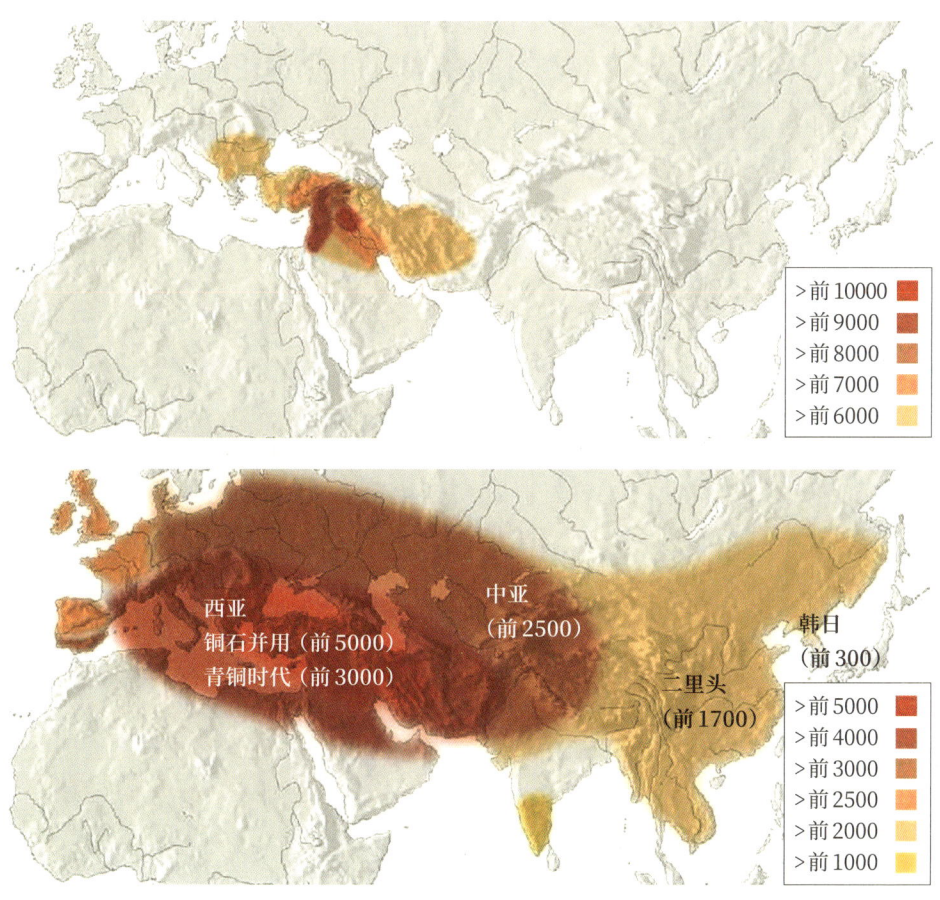

▲ 欧亚大陆冶铜技术传播示意图

"东亚青铜潮"有一个西风东渐的过程。目前我们得出来的结论是：东亚大陆几个最早进入青铜时代的考古学文化都不早于公元前1700年。青铜文明从中原地区再往东，到了山东偏西的地方，还没到胶东半岛，已经相当于公元前1400年前后的二里岗文化晚期了，也即商代中期前后。青铜文化传到了朝鲜半岛和日本列岛的时候，已经是春秋战国时期了。在日本，青铜器是跟铁器一起传过去的，所以日本没有青铜时代。这个态势非常清楚，东亚大陆是欧亚青铜潮西风东渐过程中的重要一环。

除了青铜，从龙山到殷墟的千年之内，小麦、绵羊、黄牛、马、车，以及用动物骨头占卜的习俗、大规模杀殉的文化现象，还有带墓道的大墓等，我们都还没有找到源于中原的本土基础，还有待于进一步探究。甚至像二里头广域王权国家这样管控、驾驭大范围人类群团的社会组织模式，究竟是中原从无到有、独立自主的发明，还是受到了外界一定的影响和刺激才形成的？再比如说，秦始皇陵兵马俑那样非常逼真的塑像是纯本土产生的吗？大家知道，从造型艺术上看，先秦时代的中国先民不擅长塑造人像，而精于青铜器上兽面纹那样抽象的表现。这与秦始皇陵兵马俑形成了鲜明的对比。所以有考古学者提出，从兵马俑到秦汉帝国这样的统治方式，是不是都是我们先人自己的发明？兵马俑是否受到了波斯，甚至希腊文化的影响？要知道，在秦帝国出现的三百多年之前，波斯帝国已经崛起了。这些都是非常有意思的事儿。

【给孩子的话】

从自然地理上看，孕育了中国文化的东亚大陆像个大盆地，所以才有这种文化上的凝聚力。对外有自然的阻隔，但又没有那么不可逾越，所以不断有外来的文化因素传播进来。如果我们心态偏于狭小，这个盆地就会变成一口大井。又由于这口井太大，会使得我们往往有遨游天地的感觉。现在说多元、一元，往往都是在这口大井里来思考问题的。坐井观天是研究中最要不得的，我们一定要把古代中国放在全球文明史的视角去考察，才能看得清楚。

著名考古学家、吉林大学的林沄教授有一个很好的比喻。他说，欧亚大陆内陆的青铜文化向外辐射，就像一个大漩涡向外飞洒着飞沫，外围一些青铜文化的产生跟这种向外飞溅的飞沫是有关系的。能够这样想，很多东西也就释然了。这就让我们感觉到，只有使思维复杂化，打开视野，才能更好地探究中华文明。

从这个意义上讲，只懂考古，已经搞不好考古了；只懂中国，已经搞不清中国了。年轻朋友们要把外语学好，同时一定要开阔眼界，从全球文明史的层面来看中国古代文明的形成。今后要从这样大的视野来着眼，做整合研究。

许宏

二里头考古队队长（1999—2019）

【考古学家小传】

> 考古学特别有意思,号称是'文科中的理工科'。我一直说我们是'两栖动物',游走于古代和现代、城市和乡村之间,同时又是体力劳动与脑力劳动相结合。

许宏,1963年出生,辽宁盖州人。

中国社会科学院考古研究所研究员,中国社会科学院大学教授、博士生导师。

主要从事中国早期城市、早期国家和早期文明的考古学研究,在二里头担任考古队长二十年,主编考古报告《二里头(1999—2006)》。著有《最早的中国》《何以中国》《大都无城》《东亚青铜潮》《发现与推理》《三星堆之惑》等著作十余种,被译成英语、俄语、德语、韩语等多种语言。

文学青年在考古中尝到了甜头

来到山东大学历史系考古专业读书时，许宏还不了解什么是考古，他高考的第一志愿是北大中文系。许宏坦言，刚入学的时候很痛苦，因为转不了专业；但他也不愿意混日子，于是就一点点培养自己的兴趣。考古专业的学生到了大三时一般会开始田野考古实习。这几乎是一个分水岭，有的去过以后彻底不想再干考古，有的就成为铁杆考古人。许宏是后者，他在考古中获得了越来越多的乐趣——考古成了他的终身事业。

1984年本科毕业后，许宏留校任教。他当过新石器时代考古课的助教，参与发掘的大多是从新石器时代一直到商周时期的遗址。20世纪90年代，他来到中国社会科学院研究生院读博，在导师徐苹芳（1930—2011）先生的影响下，把城市考古定为研究方向。许宏的博士论文题目是《先秦城市考古学研究》，论文梳理了从仰韶文化到战国时期的近千座城址，这个过程使他能够贯通起中国古代早期城市的发展脉络，成为他后续一系列研究和思考的基础。后来，他不仅写出了畅销又普及的作品《大都无城——中国古都的动态解读》，还把博士论文进一步打磨升级，写成《先秦城邑考古》（上下编），成为2017年中国社会科学院创新工程重大成果之一。

接任二里头考古队第三任队长

1959年，二里头遗址被发现。1999年，许宏被任命为第三任队长。有意思的是，这三任队长都在二里头工作了二十年。首任队长赵芝荃后来被调去偃师商城考古队任队长；第二任队长郑光正好退休。许宏则是有意为之，他想接续这个学术佳话，于是在2019年辞去了队长职务。

前两任队长在任的这四十年，处于中国考古学转型之前，也就是物质文化史的探索阶段。重大收获主要在两个方面：

第一，建构起以陶器为中心的二里头文化分期和谱系框架。这是非常重要的基础工作，得到了学界的普遍认可。第二，发掘了1号宫殿、2号宫殿、中国最早的铸铜作坊，以及随葬成组青铜器和玉器等的贵族墓葬。这些重要发现奠定了二里头在中国文明史上的地位，建构起了我们对二里头历史地位的认知。这两大方面，一个是"基础工作"，一个是找到了"好东西"，也就是最具代表性的、最能体现当时社会文化和文明结晶的遗存。

中国考古学的转型期是一个过程，从许宏进入考古之门的20世纪80年代，一直到他1999年接手二里头考古队的工作，都处在这个过程中。在这种情况下，二里头接下来的工作要怎么做？许宏感到压力很大。老先生们已经做出了这么多的成就，那么自己能干什么呢？许宏

> 二十世纪八九十年代，中国考古学进入了巨大的转型期，从以前注重盆盆罐罐的物质文化史的研究，转型为全方位的社会考古。从象牙塔式的研究转向对无字地书的解读和面向公众的话语系统的探究。

想，他跟徐苹芳先生学城市考古，是研究考古上的"不动产"的，所以他把研究方向锁定在聚落形态，搞清城市的空间结构和规划布局，然后上升到社会考古层面，于是就有了二里头团队在"不动产"上的一系列收获。他说："我们是站在前辈肩膀上的，不是我个人聪明，而是中国考古学学科正好发展到了这个阶段，我们这一代考古队长基本都是'60后'，我们的关注点，或者说是问题意识，是我们的共同思考，这是时代的产物，我个人也是时代的产物。"

许宏说，自己接任队长时就像被放在聚光灯底下，有一种被烤着的感觉。当时很多学者参与了夏商分界问题的争论，许宏说自己是"小白"，没有偏见，他便带着问题，先做了田野考古工作再说。1999—2004年，他一直埋头于二里头遗址的勘探发掘。直到"井"字形大道、宫城等重要发现公布后，他才开始发言，接连发表论文，然后开始写书。很多人等着二里头新队长发表关于夏商分界的观点，但对于许宏来说，比起下结论，更重要的是尽可能提供扎实详尽的考古材料，供大家来共同探讨研究，这才是他最希望做的。

▲ 经常站在考古队楼顶给来宾指点最早的紫禁城那块地儿

"考古工作属于经验性操作。如果把这项工作比作烹饪，那么优秀的大厨一定得一大早到市场去亲自挑选新鲜的食材。如果没有这一环节，那材料就是二手、三手的，别人准备好的材料很有可能不新鲜，不符合你的要求，炒出来的菜不可口。

一线的田野工作就是获取第一手资料，考古队长从一开始就要严把材料关和证据关。对我个人的成长来说，田野考古是一种多年的积累，水到渠成，田野考古经历让这种研究成果的转化非常顺畅。"

从纯学术研究转向给大家讲考古

以前，考古学者没有面向公众进行话语转换的观念。许宏说自己是个中规中矩、严谨到偏于保守的纯考古人。接手二里头考古后，公众对考古日渐浓厚的兴趣唤起了他的社会责任感。

真正让许宏决定为公众写书的契机发生在2008年。为纪念中国社会科学院研究生院建校30周年，他写了一篇名为《发掘最早的中国》的笔谈文章，发表后得到了各学科学者的一致好评，这让他意识到，自己可以面向考古圈以外的公众来表达自己。翌年，许宏第一本面向公众的小书《最早的中国》出版，也获得了良好的反响，这更增加了他写下去的动力。后来许宏陆续开通了博客、微博，又成为B站（bilibili）的UP主。年轻朋友看到他的文章和观点，会意识到"这个问题还可以这么看"，他觉得这就是自己做公众考古最大的价值和意义。

在考古学的大家时代，前辈们只要拿出相应的方案，全学科就可以循着这个方向去执行。在当前的"后大家时代"，没有了领头羊式的学术权威，但是好处就是学术思维的多元化。

司马迁说，"究天人之际，通古今之变，成一家之言"，重点在"究天人之际，通古今之变"，气魄极大。在许宏看来，司马迁这句话的启示在于：一方面要努力建构学科体系，思考中国考古学在理念、理论和方法论方面应该怎么走；但另一方面说明，每个人的观点都只是"一家之言"，每个人的阐释都具有相对性和不确定性，有待于验证。所以，要有批判性思维，这是学术发展的动力，这一点他很愿意跟青年朋友共勉。

当代学者正在做的，就是大框架的学术思考，把中国文明史放在全球文明史的范畴内去考察，既是延续司马迁的思考，也是回应全球史的呼唤。

图书在版编目（CIP）数据

考古学家带你看中国 . 二里头 / 许宏著 . — 北京：中国经济出版社, 2024.10. — ISBN 978-7-5136-7817-9

Ⅰ . K878-49

中国国家版本馆 CIP 数据核字第 2024LR7549 号

审图号：GS 京（2024）1764 号

特邀策划	活字文化 黄　昕
策划编辑	龚风光　张娟娟
责任编辑	张娟娟
责任印制	马小宾
封面设计	知雨林
内文排版	陈小娟
内文插画	邓　语
营销支持	廖　琛　杨皓捷

出版发行	中国经济出版社
印　刷　者	北京富泰印刷有限责任公司
经　销　者	各地新华书店
开　　本	787mm×1092mm　1/16
印　　张	4.25
字　　数	56 千字
版　　次	2024 年 10 月第 1 版
印　　次	2024 年 10 月第 1 次
定　　价	39.80 元

广告经营许可证　京西工商广字第 8179 号

中国经济出版社 网址 www.economyph.com 社址 北京市东城区安定门外大街 58 号 邮编 100011
本版图书如存在印装质量问题，请与本社销售中心联系调换（联系电话：010-57512564）

版权所有　盗版必究（举报电话：010-57512600）
国家版权局反盗版举报中心（举报电话：12390）　　服务热线：010-57512564